Jirina Prekop

Familie lebt von Liebe

Jirina Prekop

Familie lebt von Liebe

Regeln für ein liebevolles Miteinander

Herausgegeben von Ingeborg Szöllösi

KREUZ

MIX
Papier aus verantwor-
tungsvollen Quellen
FSC® C106847

© KREUZ VERLAG
in der Verlag Herder GmbH, Freiburg im Breisgau 2013
Alle Rechte vorbehalten
www.kreuz-verlag.de

Umschlaggestaltung: Vogelsang Design
Umschlagmotiv: © WavebreakMediaMicro – fotolia.com

Satz: de·te·pe, Aalen
Herstellung: fgb · freiburger graphische betriebe
www.fgb.de

Printed in Germany

ISBN 978-3-451-61192-6

Danksagung

Mein tiefer Dank geht an MuDr. Tatjana Horka, Ph.Dr. Jaroslav Sturma (Tschechien) und Laura Rincon Gallardo (Mexiko) für das Mitdenken und Mitgestalten der »Schule der Liebe in der Familie« sowie an Tausende von Eltern in Deutschland, Griechenland, Italien, Österreich, Polen, Russland, der Slowakei sowie in Chile, der Dominikanischen Republik, Mexiko, Peru, Uruguay, Venezuela und in anderen Ländern, die sich zusammen mit mir, begeistert und engagiert, für die Erneuerung und das Aufblühen der Liebe einsetzen.

Inhalt

Einleitung
In der Not steckt die neue Chance

> »Wenn ich wüsste, dass morgen die Welt unter-
> ginge, würde ich heute noch ein Apfelbäumchen
> pflanzen.«
> *Martin Luther*

Ihre traurige, zitternde Stimme am Telefon rührt mich. In ihrer großen Not vergisst sie sogar, ihren Namen zu nennen, und verhält sich so, als hätte sie ihre Oma angerufen: »Bitte, bitte, bitte, Frau Prekop, helfen Sie mir! Ich kann nicht mehr!« Ein verzweifelter Hilferuf. Die Dringlichkeit ist unüberhörbar. Ich denke an die endlosen Wartezeiten bei guten Psychotherapeuten. Einen müsste ich ihr empfehlen. Die Frau steckt jedoch offensichtlich in einer akuten Notlage und braucht »Erste Hilfe«.

»Ja, ich spüre Ihre Verzweiflung und bin bereit, Ihnen zu helfen, sofern ich kann. Sagen sie mir Ihren Namen und Ihr Problem!«

»Beate Meier[1] ist mein Name. Und das Problem hat meine ganze Familie. Bei uns kämpft jeder gegen jeden. Ich weiß nicht, warum. Es ist ein einziges Chaos. Nur noch zu meinem kleinen Sohn Jens habe ich eine Beziehung, die es wert ist, »Beziehung« genannt zu werden. Und ich weiß mir keinen Rat mehr.«

»Wann etwa begann der Krieg in der Familie?«

»Alles fing mit einer großen Liebe an: zwischen meinem Mann, Alex, und mir. Die erste Liebe. Nichts haben wir uns

---

1 Alle Namen geändert.

sehnlicher gewünscht als Kinder. Wir haben immer davon geträumt, wie wir sie gemeinsam erziehen und wie wir als Familie zusammenhalten werden. Als unsere beiden Kinder, Peter und Jens, dann da waren, haben wir uns riesig gefreut. Und nun ist alles auf den Kopf gestellt. Wir leben uns immer mehr auseinander. Wie es begann, weiß ich nicht. Die Luft wird immer dicker. Wir kommunizieren beinahe nur noch schreiend. Unsere Jungs vertragen sich nicht und sind nur noch handgreiflich, wenn sie zusammen sind. Mein Mann und ich schlagen uns zwar noch nicht, aber es fehlt nicht mehr viel … Das wäre dann der letzte Tropfen, der das Fass zum Überlaufen bringen würde. Das wäre das Ende unserer Beziehung. Wir verletzen uns unentwegt mit Worten. Den älteren Sohn Peter muss ich hin und wieder schlagen, wenn er seinen kleinen Bruder angreift: Jens, der jüngere, ist erst fünf Jahre alt und kann sich gegen den achtjährigen Bruder noch nicht wehren.«

»*Was sagt ihr Mann dazu?*«

»Er redet mit mir fast nicht mehr. Nur noch das Notwendigste. Auch hört er mir nicht richtig zu, wenn ich ihm Aufträge für den Tag gebe – zum Beispiel, wenn ich ihm sage, was er einkaufen oder reparieren soll. Und wenn ich ihn dann frage, was ich zu ihm gesagt habe, weigert er sich, es zu wiederholen. Abends muss ich immer wieder feststellen, dass er die eine oder andere Aufgabe nicht oder nur teilweise erledigt hat. Und er ist mir dann auch noch böse, so als wäre ich die Schuldige. Statt mit mir zu reden, zieht er sich in seine Werkstatt zurück; dort hat er auch einen Fernseher.«

»*Schlaft ihr noch zusammen?*«

»Ganz selten. Fast nie. Seit Jens auf die Welt kam, schläft mein Mann im Gästezimmer. Das war eine vernünftige Lösung, weil Jens ganze Nächte hindurch geschrien hat, und Alex es sich nicht erlauben konnte, unausgeschlafen zur Arbeit zu gehen – er hat einen anstrengenden Job in einer Bank. Und ich war so k.o., dass ich keine Kraft mehr für Zärtlichkeiten oder Sex hatte.«

»In der Nacht also ist jeder in seinem Zimmer? Die Kinder auch?«

»Ja, natürlich. Die beiden kann man nicht in einem Zimmer unterbringen, sonst bricht gleich wieder der Bruderkrieg aus. Der Angreifer ist immer Peter. Die Situationen, in denen Peter zu Jens freundlich war, lassen sich an den Fingern einer Hand abzählen.«

»In der Nacht ist jeder für sich allein. Und tagsüber? Wann trifft sich ihre Familie tagsüber?«

»Täglich zum Mittagessen. Bis auf meinen Mann, der in der Stadt arbeitet und dort isst. Von einer gemütlichen Stimmung kann aber keine Rede sein. Die Jungs verbreiten auch am Mittagstisch Unruhe. Nach dem Essen schicke ich jeden in sein Zimmer. Wenn jeder vor seinem Computer hockt, wird es ruhig. Dreimal pro Woche fahre ich Peter nachmittags zum Fußballtraining und zum Geigenunterricht. Auf gemeinsame Ausflüge oder auf einen gemeinsamen Urlaub haben wir in der letzten Zeit verzichtet. Die Kinder werden in den Ferien von den Großeltern übernommen. Und ehrlich gesagt: Ohne uns geht es ihnen besser.«

»Ich verstehe jetzt, warum Sie sich so dringend Hilfe wünschen: Ihre Familie ist ernsthaft gefährdet – die Weichen sind gestellt. Jeder von euch kann und muss zur Ruhe kommen – das ist möglich, aber Sie brauchen Hilfe: entweder eine Hilfe zur Trennung oder eine zur Erneuerung der Liebe. Die zweite Alternative finde ich besser. Doch: Was wollen Sie? Lieben Sie Ihren Mann noch? Gibt es in Ihrer Beziehung etwas, das Ihnen wichtig ist und Ihnen erneuernswert erscheint?«

»Oh ja! Ich würde alles dafür geben, wenn meine Familie in Liebe leben könnte. Zugegeben, ich spüre immer wieder

11

Hass – das geschieht, wenn liebevolle Begegnungen in meiner Familie nicht gelingen wollen. Dann aber hasse ich vor allem mich selbst. Ich fühle mich schuldig, weil ich es nicht schaffe und ohnmächtig bin – das ist schlimm. Denn ich liebe meine Familie – und ich liebe meinen Mann immer noch.«

Genauso geht es vielen Familien heute. Obwohl sich Mann und Frau noch immer lieben, obwohl sie Kinder haben, die sie lieben, lassen sie sich scheiden. Die Eltern von heute haben nicht gelernt, mit Konflikten konstruktiv umzugehen; daher können sie sie nicht rechtzeitig erkennen, ansprechen, lösen und verarbeiten. Doch dafür kann man sie nicht beschuldigen: Ihre Eltern haben es auch nicht gekonnt.

Seit Generationen lernen Kinder von ihren Vorbildern, den Eltern, Streiten – was sie jedoch nicht lernen, ist: sich zu versöhnen. Meist versöhnen sich Eltern nicht in Anwesenheit der Kinder, meist geschieht dies in intimen Augenblicken, von denen Kinder ausgeschlossen sind. Die Eltern versöhnen sich zwar, die Kinder jedoch sind nicht dabei. Ob und wie Versöhnung stattgefunden hat, können Kinder allerhöchstens ahnen.

Erschwerend kommt hinzu, dass es in unserer hoch entwickelten technokratischen Welt jedem Menschen, der nach einer Auseinandersetzung oder einem Streit gekränkt und beleidigt ist, die Flucht sehr leicht gelingt – die Flucht ins nächste Internetcafé oder auch nur ins eigene Zimmer, das von Musikanlage über Fernseher und Computer bis hin zu iPhone und iPad alles bereithält, um dem Einsamen Unterhaltung und Ablenkung zu bieten. Statt sich mit dem Gegenüber, mit dem er gerade aneinander geraten ist, über den Konflikt auszutauschen und sich rational wie emotional zu konfrontieren, geht er der Kommunikation aus dem Weg und zieht virtuelle Computerfreundschaften vor. Stolz kann er verkünden: »Ich habe bereits über 1000 Facebook-

Freunde!« Doch zu dem einen Menschen, mit dem er die Wohnung und das Leben teilt, findet er nach einem Streit keinen Zugang und zieht sich in sein digitales Schneckenhaus zurück. Der Rückzug aber heilt die Wunde nicht. Im Gegenteil: In der Zurückgezogenheit stauen sich Ärger, Wut und Trauer an und vermehren sich von Tag zu Tag. Was anfangs vielleicht nur ein kleiner Stein des Anstoßes war, wird so zu einem unbezwingbaren Felsen, der einen breiten Schatten wirft: Die Liebe der Ehepartner zueinander und zu ihren Kindern ist erschüttert, das Familienglück und die glückliche Zukunft der Kinder gefährdet.

»Haben Sie schon eine fachliche Hilfe in Anspruch genommen?«

»Ja. Unser Sohn Peter ist in der Schule wegen Aufmerksamkeitsdefiziten auffällig geworden. Seine Klassenlehrerin hat meinen Mann und mich zu einer Erziehungsberatung eingeladen. Dort wurde erkannt, dass das Problem nicht allein bei Peter liegt, sondern in der ganzen Familie. Sie haben uns eine psychotherapeutische Hilfe empfohlen. Gleich nach der ersten Sitzung ist mein Mann ausgestiegen. Er hatte den Eindruck, dass die Therapeutin immerzu mich in Schutz nimmt und für seine Situation kein Verständnis aufbringt. Dann habe ich meinen Mann zu einem männlichen Heilpraktiker bestellt. Das hat aber mein Mann auch verweigert. Und so stehe ich nun da – ohne jegliche Hilfe!«

Beates Familie ist bereits ernsthaft traumatisiert. Hier braucht jedes einzelne Familienmitglied Hilfe – für sich selbst und seine Beziehungen zu den anderen. Die Hilfe muss so früh wie möglich kommen, bevor ein größeres Unheil – durch eine Kurzschlusshandlung – geschieht. Während ich mir Beates Geschichte anhöre, muss ich immer wieder an die endlosen Wartezeiten bei den bewährten Psychotherapeuten denken. Deshalb rate ich Beate, sich zunächst in eine der vielen Wartelisten eintragen zu lassen. Doch muss eine Eskalation unter allen Umständen verhindert werden, daher rate ich ihr zu einer gründlichen »Ersten Hilfe« – wie bei einem Autounfall: Bevor eine fachliche Behandlung erfolgen kann, werden die blutenden Wunden und Knochenbrüche provisorisch versorgt. Später kann auch juristisch eingegriffen werden: Die Schuldigen müssen angehalten werden, einen besseren Fahrstil zu erlernen, indem sie geltende Fahrregeln beachten, damit sich alle, die am Verkehr teilnehmen, sicher fühlen können. Eine solche Hilfe kann ich Beate anbieten. Ich betrachte diese Hilfe als Feuerlöscher.

»Beate, besuchen Sie doch einen meiner Kurse. Sie heißen »Die Schule der Liebe in der Familie«. Es ist keine Therapie, sondern eine Lebenshilfe in der Not. Dort lernen wir in einem kurzem fünf- bis sechstägigen Kurs etwas, was uns unsere Eltern nicht geben konnten, weil sie es selbst von ihren Eltern nicht bekommen haben – wir lernen, wie man Konflikte von Angesicht zu Angesicht verarbeitet und sie in Liebe verwandelt, bevor die Sonne untergeht. Bevorzugt sind bei diesem Kurs Teilnehmer, die das Gelernte auch weitergeben wollen und können, vor allem erfahrene Eltern. Da Sie und Ihr Mann nicht gleich einen Therapieplatz bei einem guten Familientherapeuten bekommen können, empfehle ich Ihrem Mann, mitzukommen. Wenn Sie gemeinsam am Kurs teilnehmen, könnte er Ihnen sogar ausreichend helfen, möglicherweise erübrigt sich eine anschließende Therapie, zumindest zeigen das meine bisherigen Erfahrungen.«

»*Wie soll ich meinen Mann überzeugen?*«, fragt Beate misstrauisch.

»Vor allem dürfen Sie es Ihrem Mann nicht anordnen. Dazu neigen Sie, Beate. Aus Ihrem Bericht habe ich herausgehört, dass sie Ihrem Mann Aufträge erteilen – er muss

Ihre Aufträge entgegennehmen, wiederholen, was Sie gesagt haben; Sie bestellen ihn, ohne vorher mit ihm darüber gesprochen zu haben, zu einem Therapeuten usw. Das tut keinem Menschen gut! Auch Ihrem Mann nicht! Ein Mann möchte in einer Ehe ein gleichwertiger Partner sein und mit seiner Frau auf Augenhöhe kommunizieren ... Wenn das nicht gegeben ist, entfremdet ihn das von Ihnen.«

»*Was soll ich tun?*«

»Sie sollten ihm als Frau einen Vorschlag machen, nicht als Befehlshaber einen Befehl erteilen. Gewinnen Sie Ihren Mann – mit Liebe! Bitten Sie Ihren Mann um Hilfe. Sagen Sie ihm einfach, wie verzweifelt Sie sind. Sagen Sie ihm, dass Sie es allein nicht schaffen, Ordnung in ihrer Familie herbeizuführen und dass Sie ihn sehr brauchen. Sagen Sie ihm, dass Sie ihn brauchen – für sich selbst und für Ihre Söhne, damit die beiden Jungen am Vorbild ihres Vaters heranwachsen können. Ist das Gesagte für Sie stimmig, Beate?«

»*Ja! Oh ja!*«

»Erwägen Sie, was ich Ihnen empfohlen habe, in Ihrem Herzen und sprechen Sie Ihren Mann mit Achtung und Vertrauen an. Lassen Sie ihn im Internet unter »www.prekopfesthalten.de« die Liste der Kurse »Schule der Liebe in der Familie« suchen. Nachdem er sich informiert hat, soll er Sie beide anmelden. Übergeben Sie ihm einfach die Kompetenz. Er wird handeln. Und das wird ihm guttun.«

Tatsächlich ist es Beate gelungen, ihren Mann für den Kurs »Schule der Liebe in der Familie« zu gewinnen. Sogar leicht. Seine endgültige Zustimmung gab er, nachdem er im Internet nachgelesen hatte, dass der Zusammenhalt der Eltern die Grundvoraussetzung für die Einführung eines neuen Lebensstiles in der Familie ist und dass der Zusammenhalt sehr hoch geschätzt wird. Wie gefährlich es ist, wenn einer der Ehepartner – egal ob Frau oder Mann – seine Stellung in der

Familie verliert, musste er nicht nachlesen, das hatte er bereits selbst erfahren und erkannt.

Schon eine erste Selbsterfahrung in der Gruppe, wo jeder einzelne Teilnehmer mit allen anderen Teilnehmern – meist sind es ungefähr 20 – für eine Minute wortlos den Blickkontakt aufnimmt, hat ihn berührt. Plötzlich hat er jeden Menschen anders angeschaut – viel tiefer. Er fing an, sich Gedanken über das Gegenüber zu machen. Als er seiner Beate in die Augen sah, war es beinahe wie zum ersten Mal. Er schaute durch die Fenster ihrer blauen Augen in ihre Seele hinein. Hunderte Fragen tauchten in der kurzen Minute in ihm auf. Auch in ihren Augen las er viele Fragezeichen und ihre Sehnsucht nach Antworten.

Nach dem Blickkontakt folgte eine Meditation zur Aussöhnung mit den eigenen Eltern. Alex wurde wieder einmal bewusst, was für eine schwere Kindheit er hatte – mit einem Vater, der Alkoholiker war, und einer Mutter, die er stets zu schützen suchte. Er konnte sich mit seinem Vater erst versöhnen, als er mit dem Verstand eines Erwachsenen begriff, dass sein Vater seinem eigenen Vater folgte und beide traumatisierte Kriegsopfer waren. Beate dagegen hat ihre Mutter vermisst, die wegen ihrer Depression nur selten für sie präsent war. Zusammen mit ihrem jüngeren Bruder wurde sie von ihrer strengen Oma erzogen.

Als die Übungen zur emotionalen Konfrontation zwischen zwei Familienangehörigen (Mutter/Vater und Kind bzw. Mann und Frau) an der Reihe waren, meldeten sich Alex und Beate beinahe gleichzeitig. Vor der ganzen Gruppe wollten sie sich miteinander konfrontieren. Sie taten es freiwillig – nicht, weil sie publikumssüchtig waren. Sie waren sich dessen bewusst, dass nicht alle Teilnehmer eine individuelle Anleitung bekommen können – nur jene, die sich bereit erklären, ihre Problematik unter Anleitung auszutragen. Dafür bekamen sie eine vorbildliche Anleitung – wir nennen sie Moderation.

Die Moderatorin forderte sie auf, auf zwei Stühlen Platz zu nehmen: Das Ehepaar saß sich gegenüber. Der Dialog von Angesicht zu Angesicht konnte beginnen. Derjenige, der das größere Bedürfnis verspürte, sollte anfangen zu reden. Allerdings musste er darauf achten, den anderen für die Konfrontation emotional zu gewinnen. Dann erst sollte er in Ich-Form seinen Schmerz äußern.

»Ich bin so enttäuscht …«, fängt Beate an und wird von der Moderatorin sofort unterbrochen: »So können Sie ihn höchstwahrscheinlich nicht gewinnen. Oder? Was meinen Sie, Alex?«

»Solche Worte verschlagen mir die Sprache, ja sogar den Atem. Ich verstumme dann«, antwortet Alex.

»Beginnen Sie mit Liebe, Beate! Selbst wenn Sie die Liebe augenblicklich nicht spüren, erinnern Sie sich an die Zeiten, in denen Ihre Liebe schön war.«

»Lieber Alex«, begann Beate erneut. »Du bist die größte Liebe meines Lebens und bist es eigentlich immer noch. Ich will keinen anderen Mann.« – Alex rückte den Stuhl plötzlich einige Zentimeter näher zu ihr und nahm ihre Hände in seine.

»Beate, gut! Jetzt können Sie ihm Ihren Schmerz anvertrauen«, flüsterte ihr die Moderatorin zu.

»Gerade weil ich dich liebe, Alex, tut es mir weh, wenn du mir nicht zuhörst, wenn du dich von mir zurückziehst. Ich habe dann Angst, dich zu verlieren.«

Tränen glitzerten in Beates Augen. Auch Alex' Augen wurden feucht: »Ich habe deine Angst nicht gespürt. Leider auch deine Liebe nicht. Vielmehr dachte und fürchtete ich in meiner Liebe zu dir, dass du mich nicht mehr liebst. Unter deinem Befehlston fühlte ich mich jedes Mal wie ein dressierter Hund. Abgewertet. Schon gar nicht geachtet als dein Mann und gleichwertig in unserer Ehe.«

»Ich habe es nicht gewusst, Alex, warum hast du es mir nicht gesagt?«

»Weil meine Kehle sich zuschnürte. Wie vor meinem Vater verstummte ich auch vor dir.«

»Diese Übertragung war sehr schädlich für eure Beziehung«, vermerkte die Moderatorin. »Sie haben sich wie ein gehemmter kleiner Junge verhalten und nicht wie ein Mann. Und von Ihrer Frau fühlten Sie sich unterdrückt, als wäre sie Ihr alkoholisierter strenger Vater. Leuchtet es Ihnen ein?«

»Ja, gewiss. Und es tut mir unheimlich leid. Beinahe schäme ich mich dafür. Warum aber hast du den Befehlston eingesetzt, Beate? Als ich dich kennengelernt habe, hattest du ihn nicht. Du warst immer so zart und sanft. Wodurch entstand deine Distanz zu mir?«

»Der erste große Schmerz entstand, als wir das einjährige Jubiläum unserer Hochzeit gefeiert haben. Du hast die Sitzordnung bestimmt: Ich saß an deiner rechten Seite und deine Mutter an deiner Herzensseite. Das wäre nicht so schlimm gewesen, aber das Unerträgliche für mich war, dass du dich meist nur mit deiner Mutter unterhalten hast. Vor allen Gästen. Da leuchtete mir ein, was ich sowieso schon ahnte, dass nicht ich, sondern deine Mutter den ersten Platz in deinem Herzen einnimmt.«

Alex ließ ihre Hände los, drückte mit den Fingerkuppen seine Schläfe, schloss die Augen und ging für eine Weile auf leichten Abstand zu Beate. Er konfrontierte sich mit sich selbst. Beates Mitteilung hatte ihn überrascht, beinahe umgehauen: Seit neun Jahren hatte er keine Ahnung, wie es seiner geliebten Frau wirklich ging! Er schaute Beate wieder an.

»Warum hast du mir nichts gesagt? Woher sollte ich wissen, dass du verletzt bist? Ich war überzeugt, dass du nichts dagegen hast, wenn ich zu meiner Mutter so aufmerksam bin. Ich meinte, du wüsstest, dass ich von Kind an der Einzige war, der ihr zuhörte. Hätte ich gewusst, dass du darunter leidest, so hätte ich die Dauer unserer Gespräche anders bemessen ...«

»... oder du hättest mich in euer Gespräch mit einbezogen, Schatz. Deine Mutter hätte ich auch gebraucht. Doch hat sie nur dich wahrgenommen. Du weißt doch, dass mich meine depressive Mama so gut wie nie bemuttern konnte. Zu Beginn unserer Beziehung warst du es, der meine Mama vertreten hat. Als wir dann aber alle unter einem Dach wohnten, habe ich zunehmend deine Nähe vermisst. Und das tat mir weh und machte mich wütend.«

»Deshalb der Befehlston mir gegenüber?«

»Nicht nur. Ich fühlte mich im Stich gelassen. Und die Pflichten haben sich gehäuft. Ich dachte: Ich muss da allein durch. Ähnlich wie meine Oma. Mit Strenge. Gegen alle. Auch gegen Peter, weil er Jens gegenüber immer aggressiver wurde. Das alles überforderte mich, und ich merkte, allein schaffe ich es nicht. So hatte ich plötzlich auch eine Wut auf mich selbst. Was machen wir nun, Alex?«

Beide schauten nach unten. Auf ihre Hände, die sich hielten und streichelten. Wessen Tränen gerade herunterfielen, war nicht auszumachen – nur dass es viele gemeinsame Tränen waren.

»Es tut mir so leid, dass ich mich von dir zurückgezogen und mich nicht bemüht habe, mich in dich hineinzufühlen, Alex.«

»Ich fühle den gleichen Schmerz, Beate.«

Da hob er sie hoch, schloss sie fest in seine Armen, rieb seine Nase an ihre wie damals vor Jahren, als sie frisch verliebt waren, und schaute in ihre leuchtenden Augen: »Wir fangen vom Neuen an, meine Liebste. Gemeinsam.«

In der Auswertungsrunde saßen Beate und Alex händchenhaltend nebeneinander und erzählten, wie die ersten Stunden des Seminars auf sie gewirkt haben: wie wenig sie gebraucht hatten, um unter einem jahrelang angestauten Haufen von Missverständnissen und Enttäuschungen ihre alte Liebe wiederzufinden.

»Es hat uns gereicht, auf den Rückzug voneinander zu verzichten und uns so lange emotional zu konfrontieren, bis die Liebe in uns wieder aufschien und strahlte.« Das war die große Erkenntnis.

Während des Seminars haben Alex und Beate noch weitere neue Verhaltensweisen eingeübt, um sich mit ihrem älteren Sohn zu konfrontieren und die Verbrüderung beider Kinder in die Wege zu leiten. Mit Interesse und Aufgeschlossenheit nahmen sie den Vorschlag entgegen, in ihrer Familie einen neuen Lebensstil einzuführen: auf körperliche Strafen sowie auf Drohung mit Liebesentzug zu verzichten und alle in der Familie auftauchenden Konflikte ausschließlich in einer emotionalen Konfrontation zu lösen und zu verarbeiten sowie diese Konfliktsituationen als Chance zu betrachten, an der Liebe zueinander zu wachsen und sich weiterzuentwickeln. Jeder Konflikt kann sich in Liebe verwandeln, wenn er von Angesicht zu Angesicht angesprochen und gemeinsam bewältigt wird. Die Sonne geht in einer Familie noch lange nicht unter, nur weil ein paar Wolken am Horizont aufgetaucht sind. Und die Zuversicht ist da: Selbst wenn die Sonne untergeht, sie geht wieder auf und beglückt uns Menschen mit ihren Strahlen umso intensiver.

Alex und Beate haben gelernt, dass jedes Familienmitglied ein Recht auf eine bestimmte Position im System der Familie hat. Alex hat mit Begeisterung wahrgenommen, dass weder die Kinder noch seine Mutter, sondern er selbst das Recht hat, bei seiner Frau an erster Stelle zu stehen (und umgekehrt sie bei ihm). Beate begriff, dass ihr erst-geborener Sohn in dem Moment anfing, große Probleme zu verursachen, als er die erste Stelle an seinen jüngeren Bruder abtreten musste. Auch einige wichtige erzieherische Ratschläge hat das Paar mitgenommen. Übrigens einen Rat-schlag, der auch für den Umgang mit Erwachsenen eine Gültigkeit hat: dass man im Guten mehr erreicht als mit Strafen.

Nach einer Woche erreichte mich ein Brief von Alex und Beate: Ihre Liebe sei wie noch nie aufgeblüht. Selbst die Kinder haben es bemerkt und gefragt, was los sei. Durch die Einführung eines neuen Lebensstils haben sie genau das er-zielt, was sie im Grunde ihres Herzens eh schon immer wollten: als Familie zusammenhalten und zusammenwach-sen. Aus den im Kurs gesäten Samen sind in der Familie nährende Früchte geworden: Das Familienleben von Alex und Beate konnte nun immer wieder neue Blüten hervor-bringen. Wesentlich dabei war, dass sich die Eheleute gegen-seitig den ersten Platz einräumten und anfingen, ihre Kin-der im Sinne des neuen Lebensstils gemeinsam zu erziehen. Der ältere Sohn Peter begrüßte die Chance, sich mit seiner Mutter emotional zu konfrontieren. Wie sein Vater, so saß auch er mit seiner Mutter von Angesicht zu Angesicht auf einem Stuhl; die Mutter hielt ihm die Hände und machte ihm Mut, seine negativen Gefühle laut und deutlich auszu-drücken. Peter traute sich, seine Wut darüber zu äußern, dass sein kleiner Bruder bevorzugt wird. Als diese wie ein Panzer verhärtete Schicht von seiner Seele abbröckelte, brach ein bodenloser Schmerz aus – der Schmerz des Aus-gestoßenen. Das Händchenhalten erwies sich als zu wenig. Mit dem Kopf in der Halskuhle der Mama hat Peter seine Verzweiflung ausgeweint und in den Tränen seiner Mama gebadet. Danach hat er sich wie ein glückliches Neugebore-nes angenommen und geliebt gefühlt.

Der kleine Jens hat die zweite Stelle in der Geschwister-reihe mit wenig Begeisterung akzeptiert. Doch versöhnt hat ihn das Angebot seines Vaters, mit ihm einiges zu unternehmen, damit er lernt, ein Mann zu werden.

Axels Mutter wurde auch miteinbezogen – über ein Gespräch mit Beate hat sie sich sehr gefreut. Durch den offenen Austausch der beiden Frauen wurde offenbar, dass sich beide jahrelang vor lauter Scheu und Vorsicht nicht aufeinander zubewegt hatten, somit konnten sie sich einander nicht annähern. Endlich war der Damm gebrochen und die Hemmung verschwunden. Zum ersten Mal traute sich Beate, ihre Schwiegermutter mit »Mama Anna« anzusprechen. Den Namen haben sie in Liebe zusammen kreiert.

Die wunderbare Wende geschah in einigen wenigen Tagen. Anstelle steter Anspannung und Angst blühten Liebe füreinander und große Freude aneinander. Die langen Stunden, in denen jeder isoliert in seinem Zimmer vor dem Bildschirm in virtuelle Welten eintauchte, waren vorbei. Die Familie verbringt heute wieder viel Zeit miteinander und ist gerne zusammen. Sie kann sich gemeinsam für diese oder jene Beschäftigung begeistern. Der gute Geist ist wieder in die Familie eingekehrt und bewirkt viel Gutes: Die Bereitschaft, sich in die anderen einzufühlen und sich ihnen anzupassen; Neugierde für die Zusammenhänge des Lebens, Kreativität, Initiative – alles ist wieder da, ja sogar das schulische Lernen ist besser geworden. Die Freude am Leben macht das Leben leicht.

Alex hat sich entschlossen, seine Arbeitskollegen über die »Schule der Liebe in der Familie« zu informieren. Das Gleiche nimmt sich Beate vor. Die beiden wollen sogar versuchen, einen Kurs gemeinsam zu veranstalten, denn sie haben viele Bekannte und Freunde, die in ihrer Familie Probleme haben.

Die Probleme nehmen in vielen Familien zu. Nie war Erziehung so schwer wie heute. Mit dem Einbruch der neuen digitalen Kommunikationstechnologien, den unzähligen virtuellen Netzwerken, Computerspielen und Online-Kaufhäusern hat sich das private Zusammenleben der Menschen radikal verändert. Auch der Lebensstil ist großen Veränderungen unterworfen. Zwar befriedigt der technologische Fortschritt einige unserer Bedürfnisse – mag sein, dass wir bei Online-Banking, An- und Ummeldungen in Ämtern mit schnellen Computersystemen oder digitalen Datenbanken viel Zeit sparen, doch es hängt davon ab, was wir mit der gewonnenen Lebenszeit machen. Setzen wir sie dafür ein, um uns mit Menschen zusammenzufinden und auszutauschen, um reale Begegnungen zu ermöglichen, dann sind wir bestimmt glücklich und zufrieden. Unsere Seele braucht den direkten, sozialen Kontakt, sonst verkümmert sie – das gilt seit jeher. Das war schon in der Antike so, und daran wird sich heute, in unserem Informationszeitalter, nichts ändern, es sei denn unsere Gesellschaft nimmt es in Kauf, in eine totale Krise der Werte abzugleiten.

In Zeiten der Globalisierung erkennen wir zunächst immer nur die Wirtschafts- und Finanzkrisen, doch schlimmer als beide zusammen ist die existenzielle Krise, die aus dem Werteverlust erwächst. In seinem Buch »Schluss mit lustig« zitiert Peter Hahne die bekannte Meinungsforscherin Elisabeth Noelle-Neumann: Auf die Frage, welche Tendenz sie bei ihren jahrzehntelangen demoskopischen Untersuchungen am meisten erschüttert habe, antwortete sie: »Dass es immer weniger Eltern wichtig ist, ihren Kindern die Werte weiterzugeben, die für sie wesentlich waren ... Ein Irrweg, traurig für Eltern und Kinder.« Ferner zitiert Hahne Roman Herzog: In seinem letzten großen Interview als Bundespräsident habe er auf die Frage, was das Schlimmste an unserer gegenwärtigen Gesellschaft sei, geantwortet: »Der Verlust der Werte.« Gefragt, wo die Ursachen zu suchen seien, ergänzte Herzog: »Immer mehr Eltern geben ihren Erziehungsauftrag an die Schule ab.«

Stehen wir an einem Wendepunkt? Haben wir noch Zeit zur Umkehr?

Nicht zufällig habe ich als Motto für mein Vorwort Luthers bekannten Satz ausgesucht – der Satz ist voller Hoffnung und freudiger Entschlossenheit zum Handeln. Denn ich bin überzeugt: Uns bleibt die Chance zum Handeln immer gegeben. »Wo aber Gefahr ist, wächst das Rettende auch«, verheißt ein weiser Spruch des Dichters Friedrich Hölderlin. Und da wollen wir anknüpfen und die Lösung für unsere existenziellen Probleme hier und jetzt finden.

Wie die Geschichte von Alex und Beate zeigt, ist es nie zu spät innezuhalten, nachzudenken, sich mit den Mitmenschen auseinanderzusetzen und gemeinsam Lösungen zu finden. Die Liebe in der Familie ist die Grundlage für die Entfaltung eines jeden Menschen. In ihr finden wir die Lösung für viele unserer Probleme: »Die Liebe ist der Endzweck der Weltgeschichte, das Amen des Universums.« Die Worte des Dichters Novalis werden uns in diesem Buch begleiten. Niemals dürfen wir vergessen: Die Liebe bleibt.

I. Ausgangslage

Der Lebensstil heute

Mit der Zunahme der Leistungsfähigkeit moderner Handys scheinen wir von Jahr zu Jahr ärmer in der Fähigkeit zu direktem Kontakt zu werden. Ob wir diesbezüglich den Zenit wohl schon erreicht haben?

Es gibt helle Momente, die mich zuversichtlich stimmen. Das sind die Rockfestivals. Tausende junge Menschen, davon viele Singles, versammeln sich in einer Arena oder einem Sportpalast und jubeln einer Band zu. Dicht nebeneinander, vereinigt im Rhythmus der Musik, bewegen sie ihre Körper und Arme hin und her. Es ist, als würden sie sich alle gemeinsam in einem sie alle umfassenden Wohlgefühl wiegen. Einige halten ein Licht in der Hand. Den Text der Lieder kennen die meisten nicht. Nur wenige können mitsingen, doch alle schwingen mit und lassen sich auf den gleichen Rhythmus ein. Was sie erleben, ist Verbundenheit. Sie wirken wie eine Einheit. Beinahe symbiotisch. Stundenlang genießen sie das enge Beieinandersein. Glücklich. Selig. Tausende von Menschen. Ungern nehmen sie das Ende des Konzerts wahr, verlangen nach einer Zugabe und kommen nächstes Mal gerne wieder. Was bewegt sie? Werden sie vielleicht unbewusst an die glückliche rhythmische Symbiose des Babys mit seiner Mutter – vor und nach der Geburt – erinnert? Ist es vielleicht jener kostbare Moment, in dem sich Mutter und Kind das erste Mal von Angesicht zu Angesicht anschauen und nachahmen? Bewegt sie vielleicht das Bedürfnis, etwas davon nachzuholen, was sie nicht ganz und gar auskosten konnten oder bekommen haben? – Ich vermute ja. Denn die meisten Menschen wurden sofort nach ihrer Geburt von ihrer Mutter getrennt und ins Säuglingszimmers verbannt – das fühlte sich so an wie eine Einzelhaft. Doch man war lange Zeit der Meinung, dass die Trennung aus hygienischen Gründen notwendig sei – Sterilität war wichtiger als der menschliche Instinkt, der Körpernähe will.

Wenden wir uns nun dem immer schwieriger zu sortierenden sozialen Umfeld zu, das Eltern heute zu gestalten versuchen. Keiner trägt daran Schuld, dass die Grundsteine, auf denen sich das Leben heute aufbaut, so brüchig geworden sind. Trotzdem tut sich keiner einen Gefallen, wenn er sich tröstet, indem er die Umstände schönredet – davon können wir uns keinen Wandel versprechen. Wir wollen einen realistischen Blick auf die Verhältnisse, in denen wir leben, wagen.

- Die Familien brechen auseinander. Beispielsweise sind die Scheidungsraten kaum mehr aussagekräftig: Viele Paare leben ohne Trauschein in einer nicht registrierten Partnerschaft zusammen und werden von der Statistik nicht erfasst. Die meisten unverheirateten Paare bekommen Kinder, sie gründen somit eine Familie – und lösen sie nach einiger Zeit durch eine Trennung auf, die allerdings nicht registriert wird. Von der Trennungsrate kann es also nur eine Dunkelziffer geben.
  »Scheidungsrate in Deutschland so hoch wie nie zuvor«, diese Schlagzeile liest man immer wieder in den Medien. Nach Mitteilungen des Statistischen Bundesamtes sind elf von 1000 bestehenden Ehen 2010 geschieden worden. Im Jahr 1992 waren es nur sieben. Von den im Jahr 2010 geschiedenen Ehepaaren hatten knapp die Hälfte Kinder

unter 18 Jahren.[2] Aus den »Resten« der gescheiterten Familien entstehen die sogenannten Patchwork-Familien. Dieser Begriff vergleicht die neu zusammengesetzten Familien mit einem bunten Flickteppich – einzelne Fetzenreste werden zusammengenäht und ergeben einen Teppich oder eine Decke. Ähnlich setzt sich die Patchwork-Familie zusammen: Mein Kind aus der ersten Partnerschaft, deine Kinder aus deinen zwei gescheiterten Ehen, wir beide und unser gemeinsames Kind. Ob sich unter dieser Decke die vielen Schiffbrüchigen ausreichend wärmen können, ist in vielen Fällen zu bezweifeln. Doch manchmal ist diese Konstellation die beste Lösung in seelischer Not. Bei einem sehr behutsamen und gerechten Umgang miteinander kann das Projekt Patchwork-Familie als Selbsthilfegemeinschaft durchaus gelingen.

• Laut Statistik aus dem Jahr 2012 des Instituts für Demoskopie in Allensbach geht die Bereitschaft zum verbindlichen Heiraten von Generation zu Generation auffällig zurück. Während die 60-Jährigen sich zu 66 % noch wünschen, dass die Partner verheiratet sind, ist dieser Wunsch bei den 30- bis 44-Jährigen nur zu 42 % vorhanden. Ähnlich verhält es sich mit dem Kinderwunsch – er lässt immer weiter nach. Menschen ab 60 aufwärts wünschen sich zu 27 %, dass die Familien viele Kinder haben. Bei den 16- bis 44-Jährigen besteht dieser Wunsch nur zu 19 %. Viele junge Frauen in Deutschland entscheiden sich für ein Leben ohne Kinder. Die Gründe dafür sind nicht nur im Streben nach beruflicher Selbstverwirklichung zu suchen, sondern auch im komfortableren Lebensstil – die uneingeschränkte Freiheit, die man genießt

2 www.derwesten.de, Stand: 13.09.2011

– sowie in der Ablehnung des Stresses, den man in einer Ehe und mit Kindern nolens-volens in Kauf nehmen muss.

● Laut einer Pressemitteilung des Statistischen Bundesamtes waren im Jahr 2011 60 % der allein lebenden Männer im Alter von 35 bis 64 Jahren echte Junggesellen – sie waren noch nie verheiratet. Hierbei führen die Männer deutlich vor den Frauen. In Deutschland lebte 2011 jede fünfte Person allein, meldete das Statistische Bundesamt im Juli 2012. Die Analyse zeigte, dass die Alleinlebendenquote mit der Größe der Städte zunimmt. In Großstädten lebten im Jahr 2011 knapp 29 % der Bevölkerung allein. In kleinen Gemeinden waren es nur 14 %. Im Vergleich der Bundesländer wies Berlin mit 31 % die höchste Alleinlebenden Quote auf. Voraussichtlich wird bei einem weiteren Anstieg dieser Quote bald ein Drittel der Großstadtbewohner zu den sogenannten Singles zählen. – Von Stämmen, Großfamilien (in denen mehrere Generationen unter einem Dach lebten), kinderreichen Familien hin zur Ein-Kind-Familie, Paaren ohne Kinder bis hin zu Singles – das scheint die heutige Entwicklung zu sein. Und wie geht der Prozess der gesellschaftlichen Atomisierung weiter, wenn überhaupt? – Fest steht: Die älteren Generationen setzen sich noch für das Aufrechterhalten der Familie ein, während die jüngeren Generationen dazu neigen, die Familie als Auslaufmodel zu betrachten.

● Singles entwickeln heute einen ganz eigenartigen Lebensstil. Er wird zum Aushängeschild für jenes Phänomen, das ich als atomisierte Gesellschaft bezeichne. Ich meine hier nicht jene Einzelgänger, die es immer schon gab. Beethoven war ein Einzelgänger. Es gibt viele Gründe, ein Einzelgänger zu sein – viele Verwitwete werden und bleiben gerne Einzelgänger; viele Geistliche, Missionare, Wissenschaftler oder Künstler sind auch überzeugte Einzelgänger. Ich meine hier auch nicht jene Pechvögel, die es – trotz redlichen Bemühens – einfach nicht schaffen, eine Familie zu gründen, und die, wenn alle Mitglieder ihrer Herkunftsfamilie gestorben sind, gezwungenermaßen zu Einzelgängern werden. Zu dieser Kategorie gehören auch Menschen, die von Kindesbeinen an ihre Eltern betreuen oder für sie sorgen mussten. Diese Menschen zähle ich nicht zu den Singles. Für mich sind Singles Menschen, deren Lebensstil sich in allen Schattierungen und Konturen dem heutigen Zeitgeist anpasst – sie hinterfragen ihn nicht und sind gleichermaßen Produkt (Objekt) und Konsument (Subjekt), also Opfer und Täter. Ein Single hat alles, was er braucht, und er muss nichts teilen: Auto, Appartement, Fernseher, Computer, Bankkonto, alles gehört nur ihm. Und alles, was er sich wünscht, kann er über Online-Shops bestellen und sich direkt ins Haus bringen lassen. Den Service nimmt er oft in Anspruch – die vielen Menschen in den Kaufhäusern gehen ihm schon lange auf die Nerven. Und überhaupt: Es gibt ohnehin zu viele Menschen, deshalb besitzt er nebst Potenz-, vor allem Verhütungsmittel. Wenn nötig, sucht er einen Schönheitschirurgen auf. Der Geliebte bzw. die Geliebte lernt er mittels Singlebörse im Internet kennen. Der virtuelle Chat ersetzt den Flirt. One-night-stands reichen aus: Man erspart sich viel Ärger und Frust. Es gibt viele Vorteile – und vor allem keine dauernd unzufriedene Schwiegermutter. Lust in Freiheit und für einen Augenblick genießen – das ist das Ziel, carpe diem! Doch der treue Schatten, die Angst, läuft mit und irgendwann füllt sie den Raum voll aus. Weit und breit sind keine wahren Freunde auszumachen.

- Laut einem Bericht (2011) der Suchtbeauftragten der Deutschen Bundesregierung gibt es in Deutschland bereits eine viertel Million Computer- und Internetsüchtige und weitere 1,4 Millionen sind gefährdet. Aus demselben Jahr gibt es einen Bericht zur Lage der Jugend in Österreich – daraus geht hervor, dass 44 % der Jugendlichen stark oder deutlich kaufsuchtgefährdet sind. In einem Artikel aus dem österreichischen *Kurier* vom 15. Dezember 2011 steht, die heutige Jugend begreife sich als »Unternehmer ihrer selbst«. Wichtigster Anreiz sei das Geld. Wer keines hat, ist nicht Teil der Gesellschaft. Es besteht kein Zweifel: Die neoliberale Gehirnwäsche funktioniert.

- Wie geht es den Menschen wirklich? Diese Frage beschäftigt mich seit jeher. In meinem Fokus stehen die Kinder – deshalb gilt meine Frage in erster Linie ihnen. Erwachsene lösen die Probleme meist nur nach ihrer Art und nicht nach der des Kindes. Deshalb haben es die Kinder besonders schwer.
Warum fällt es heute – offensichtlich mehr als je zuvor – so schwer, sich verbindlich auf eine Bindung einzulassen? Daraus erwächst gleich die nächste Frage: Hat der Mensch unter den heutigen Bedingungen überhaupt eine feste Bindung zu der ersten Bezugsperson, zu seiner Mutter, erfahren? Naturgemäß bildet sich das Fundament des menschlichen Bindungspotenzials gleich nach der Geburt: Das Baby wird auf den Brustkorb der Mutter gelegt, spürt ihren vertrauten Körper und Herzschlag und tritt in den ersten Dialog mit ihr; das Baby wird von der Mutter getröstet und empathisch gespiegelt. Dieses instinktive Bedürfnis wurde in vielen modernen Krankenhäusern unterbunden; Mutter und Kind wurden getrennt (das hat man heute als falsch erkannt, sodass Mutter und Kind nicht mehr so brutal getrennt werden). Da

viele Mütter (vor allem in Osteuropa), um den Unterhalt der Familie zu sichern, nach einer kurzen Zeit des Mutterschaftsurlaubs wieder arbeiten gehen mussten, kamen die Kinder selbstverständlich in die Kinderkrippe. Dort fand das Kind nur in seltenen Fällen beständiges Personal vor. Zudem war seine Mutterbindung, die etwa drei Jahre braucht, auch nicht gefestigt – das Vertrauen in Mutters Beständigkeit demnach nicht stabil. Die Erfahrungen, die das Kind in dieser Zeitspanne macht, sind fundamental: Je nach seinen Erfahrungen im Kleinkindalter ist es einem Mensch möglich, Vertrauen in die Beständigkeit einer Beziehung aufzubringen oder nicht. Hier liegt die Wurzel für das Misstrauen gegenüber jeder Art von Beziehung – sie ist tief in der Seele des Kindes eingegraben. Was Hänschen hier nicht lernte, lernt Hans in der Ehe nimmermehr (oder nur mit großer Mühe).

- Viele Paare trennen sich, obwohl die Liebe noch nicht ganz erloschen ist. Meist fängt das Auseinandergehen mit einem kleinen Konflikt an, den die beiden nicht verarbeitet haben. Der eine zeigt dem anderen die kalte Schulter und schweigt. Wie eine nicht gereinigte Wunde kann auch ein nicht bereinigter Konflikt unmöglich von selbst heilen. Der Schmerz staut sich an und wird immer größer. Und eines Tages läuft das Fass mit dem letzten Tropfen, meist eine Lappalie, über. – Warum waren die beiden nicht in der Lage, das Senfkorn ihrer Liebe rechtzeitig zu retten und aufblühen zu lassen? Und schon taucht die nächste Frage auf: Haben sie überhaupt in ihrem Kindesalter von ihren Eltern, ihren Vorbildern lernen können, dass und wie man Konflikte aufarbeiten kann, um die Liebe zu erneuern, noch bevor die Sonne untergeht? Statt sich von Angesicht zu Angesicht mit den Kindern emotional zu konfrontieren, haben Erwachsene in einem Erziehungskonflikt Kinder viel zu oft auf ihr Zimmer geschickt, ihnen verboten, ihre Wut oder Unzufriedenheit offen zu zeigen, ja sogar geschlagen. Ein Kind mit Stubenarrest und dem Hinweis »Denk darüber nach!« zu strafen, war weit verbreitet und galt als ethisch noble Strafe. In vielen Familien wird sie auch heute noch angewendet. Was das Hänschen hier nicht lernt, macht er als Hans auch in seiner Ehe und mit den eigenen Kindern nicht. Das Weglaufen vor schwierigen Situationen und Konflikten wird zur Methode und zwar über Generationen. Konflikte unverarbeitet zu lassen, schleift sich wie eine schlechte Gewohnheit ein.

● Heute gelingt die Scheidung leichter: Frauen sind beruflich gut qualifiziert und finanziell nicht mehr von ihren Männern abhängig. Die Initiative, sich scheiden zu lassen, geht meist von den Frauen aus. Daher leben heute mehr verlassene Männer als verlassene Frauen unter uns. Auch seitens der Kirchen sowie der breiten öffentlichen Meinung wird die Scheidung toleriert – was früher noch als Sakrileg galt, ist heute Norm. Den bekannten Ehe-Spruch, zueinander zu halten in guten wie in schlechten Zeiten, nahmen unser Großeltern sehr ernst – wer sich zweimal scheiden ließ, war den Leuten suspekt. Heute kommt uns eher ein altes Ehepaar, das Goldene Hochzeit feiert, rätselhaft vor. Entweder staunen wir darüber – freudig (und vielleicht mit etwas Neid) – oder wir zweifeln das Glück des alten Paares an und fragen uns, wer in den fünfzig Jahren denn der größere Duckmäuser war. Attraktiv und männlich finden wir heute einen Mann, der für jeden Lebensabschnitt eine neue Frau braucht. Und wir bewundern eine Frau, die es mit den Männern aufnimmt und eine steile Karriereleiter mit Leichtigkeit bis zur obersten Sprosse erklimmt.

Doch das coole Bild vom Mann oder von der Frau stimmt nicht mit unseren ursprünglichen Wunschvorstellungen überein. Als wir Kinder und Jugendliche waren, galt für die meisten von uns ein anderes Idealbild. Für unser Leben als Erwachsene wünschten wir uns – darin ähneln uns die Kinder und Jugendlichen von heute – neben einem guten Beruf auch einen (und nicht viele!) Partner, mit dem wir alles teilen, eine Familie gründen und Kinder haben. Der Wunsch ist echt – er quillt aus der unverdorbenen Seele eines Kindes hervor. Das weise Herz eines Kindes wünscht sich bedingungslose Liebe für sich selbst und seinen Nächsten. Mit diesem Bedürfnis kommt es auf die Welt. Sein Herz lacht, wenn es eine solche Liebe spürt. Doch wird ihm keine Liebe zuteil, wird es ständig durch Liebesentzug bedroht, ist das für ein Kind die schlimmste Strafe. Auch wenn ein Kind die feindliche Stimmung oder Auseinandersetzungen zwischen seinen Eltern mitbekommt, leidet es sehr. Wenn es sich nicht geliebt fühlt, weint und schreit es. Später träumt es dann von einer Zukunft als Erwachsener, in der ihm die Liebe, die ihm gefehlt hat, zuteil wird. Hatte das Kind hingegen ein liebevolles Elternhaus, träumt es ebenfalls von einer in Liebe geführten Partnerschaft – das ersehnte Zukunftsprojekt wird ihm wahrscheinlich besser gelingen als einem Kind, das mit Eltern zusammenleben musste, die sich permanent angefeindet haben.

Das Kind wird schließlich erwachsen, verliebt sich und heiratet. Eine Liebesheirat. Der junge Mensch ist im siebten Himmel, doch irgendwann ist der erste Hormonrausch der Verliebtheit vorbei und der Alltag wartet mit »bösen Zeiten« auf. Wenn es eine Weile so weitergeht und er merkt, dass er seine Ehe nicht retten kann, fühlt er sich ohnmächtig und ist am Ende. Trost findet er leider nur selten bei mitfühlenden Menschen. Eher eignen sich zum

Verdrängen und Vergessen – Drogen. Sie sind leicht zu haben – Zigaretten, Alkohol, Antidepressiva und andere Betäubungsmittel wie Fernsehen, Computer, Karriere usw. Irrtümlicherweise scheinen die Ersatzmittel für die Liebe immer sicherer als die Liebe selbst. Letztere geht immer mit Konflikten einher und tut weh.

● Trotz aller Enttäuschungen gehen die Ideale nicht verloren. Meinungsforscher sind den Idealbildern, den immer noch vorhandenen Hoffnungen nachgegangen: Die Ergebnisse sind erstaunlich positiv. Zum Idealbild der Bevölkerung ab 16 Jahre zählt, dass 96 % der Befragten trotz erlebter Frustrationen behaupten, die Familie müsse auch in schwierigen Zeiten zusammenhalten. 88 % sind überzeugt, dass jeder sich für den anderen verantwortlich fühlen und dem anderen helfen müsse, so gut es geht. Ein Hoffnungsschimmer für Paare und Kinder!

● Auf einer meiner vielen Auslandsseminarreisen habe ich auf dem Moskauer Flughafen drei Stunden auf den Weiterflug nach Wladiwostok warten müssen. Vor mir saß eine vierköpfige Familie – bei all den Geräten, die sie bei sich trugen, waren sie gewiss gut situiert. Sie saßen nebeneinander und jeder beschäftigte sich mit etwas anderem: Der Vater machte auf seinem Laptop seine Buchhaltung, die Mutter surfte im Internet, die zehnjährige Tochter schrieb E-Mails und der siebenjährige Sohn war von seinen Computerspielen fasziniert. An seiner Mimik ließ sich erkennen, mit welch intensiven Gefühlen er seine Spielfiguren begleitete. Für mich war das eine kostbare Gelegenheit, eine Familie über eine längere Zeitspanne zu beobachten. In den drei Stunden hatten sie so gut wie keinen Blickkontakt. Einige Male haben die Kinder gefragt: »Wann kommt endlich unsere Maschine?«, worauf sie immer eine knappe, unbefriedigende Antwort bekamen. Zweimal hat der Junge nach einem Taschentuch gefragt, und es wortlos bekommen. Einmal hat das Mädchen gefragt, wo es die Toilette findet. Niemand hat in den drei Stunden auch nur ein einziges Mal von seinem Gerät aufgeschaut, um die anderen anzuschauen und ihnen mitzuteilen, was er gerade macht oder was er gerade entdeckt hat, um sie also teilhaben zu lassen an dem, was er gerade tut oder denkt.

Laut Meinungsumfragen schauen Angehörige einer Familie Bildschirme von Fernseher, Computer, Laptops, Smartphones und Handys wesentlich häufiger an als sich gegenseitig in die Augen. Das Internet ist zum besten Freund geworden. Die sprachliche Kommunikation zwischen Menschen leidet darunter sehr; das Sprachvermögen vieler Kinder ist unterentwickelt. Besonders betroffen sind der Wortschatz und der Satzbau. Statt kultivierter Sätze ahmen viele Kinder das Gekreische von Comic-Figuren nach. Im Durchschnitt spricht eine deutsche Familie nur 15 Minuten täglich miteinander. Dazu gehören auch Mitteilungen wie »Halt dein Maul!« oder »Hinaus! Und mach' die Tür hinter dir zu!« Das ist alarmierend.

Ähnlich leben die Familien in ihrer Wohnung. Jeder hat sein Zimmer – und lebt meist, umgeben von seinen Bildschirmen, allein, manchmal einsam. Mit den anderen Familienmitgliedern muss man nichts teilen, vielleicht recht notdürftig etwas mitteilen. Sich in einen anderen einfühlen oder jemandem helfen kommt kaum vor. Dafür ist man aber auf seine vielen Freunde bei Facebook stolz. Dass diese virtuellen Freunde die echten, mit denen man spielt, herumtollt, die Welt entdeckt oder denen man zur Seite steht, nicht ersetzen können, fällt vielen Jugendlichen gar nicht mehr auf. Sie vermissen das persönliche Geschenk der Liebe, das sich als Einfühlung, Rücksicht oder Aufopferung äußert, nicht einmal – bei ihren Eltern gab's das auch nicht, bei denen war ein endloser Scheidungskrieg an der Tagesordnung. Als Kind ist man doch selig, wenn man diesem entkommt und auf seinem Zimmer vor einem der vielen Bildschirme – zumindest äußerlich – seine Ruhe hat. In seinem Zimmer kann man sich gut verbarrikadieren, doch in sich ruhen, um frei für das eigene kreative Denken und Handeln zu sein, gelingt nicht. Diese Ruhe ist so etwas wie ein Lärmschutz, aber nicht mehr. – So vegetieren viele Kinder zwischen Kampf und Flucht und vergeuden ihre kostbare Energie.

- In ihrer Abhängigkeit von der Umwelt haben es die Kinder am schwersten: Sie können sich auf jene Menschen, die sie umgeben, nur selten verlassen, deswegen fühlen sie sich nicht geborgen und bedingungslos geliebt. Sie sind noch keine drei Jahre alt und müssen sich in eine Kita-Gruppe integrieren, statt mithilfe der Eltern ihr gerade erwachtes Ich auf eine individuelle Weise zu entdecken und auszubilden. Von da an sind alle nachfolgenden Einrichtungen hauptsächlich auf das sachliche Wissen und Können ausgerichtet. Die Unterstützung der Persönlichkeitsentwicklung kommt viel zu kurz. Liebe ist ohnehin ein Fremdwort. Erzieher, Lehrer und Pädagogen haben während ihrer universitären Ausbildung nichts von der Liebe und ihrer Pflege gehört, geschweige denn gelernt, wie man sie in Institutionen einbringt und lebt. Gleiches gilt für die psychologische und medizinische Ausbildung. Schwer, nicht wahr? Mit wissenschaftlichen Methoden lässt sich die Liebe nicht erfassen – ohne messbaren, statistischen Nachweis kann sie nur als unseriös gelten. Demnach beschäftigt sich keiner mit ihr.

Und wie sieht es im Elternhaus aus? Es wird oft zu einem Haus ohne Eltern. Der Vater fehlt in vielen Familien. Die alleinerziehende Mutter ist überfordert. Die Kinder landen vor dem Fernseher und den vielen Alternativbildschirmen. Was geschieht? Kinder, besonders Jungen, identifizieren sich gerne mit den Helden auf dem Bildschirm – egal, ob sich diese Menschen umarmen oder erschießen. Im magischen Erleben des Kindes verschwimmt die Grenze zwischen Realität und Phantasie. Wenn der Filmheld um sich schlägt, reagiert das Kind durch ihn ganz real seine Aggressivität ab, die es gegen diese böse Welt empfindet. Hier fühlt es sich kräftig und mächtig. Sonst – ohnmächtig: Die Situation seiner zerstrittenen Eltern kann es nicht ändern, darauf hat es keinen Einfluss. Wenn es in seiner Verzweiflung versucht, Vater und Mutter zusammenzubringen, zumindest sie etwas näher zu bringen, empfindet es sich machtlos, ja, ausgeliefert. In der Rolle seines Filmhelden kann es endlich mal stark sein – das Gefühl, das es bislang nicht leben konnte, kostet es aus. Doch bevor es ihm gelingt, das Gefühl aufrechtzuhalten, geht es ihm mit dem Ende des Films (oder Computerspiels) verloren. Ein nächster Film muss her, ein nächstes Spiel muss folgen. Die Eltern sind zwar zerstritten, doch in einem einig: Sie mögen die Abhängigkeit des Kindes vom Computer oder Fernseher nicht. Sie verlangen schulische Fortschritte, Leistungen, gute Noten. Aber das funktioniert nicht. Die Eltern werden wütend, schreien das Kind an, manchen rutscht die Hand aus – Ohrfeigen werden das Kind gewiss nicht motivieren. Zur Strafe wird es ins Kinderzimmer verfrachtet. Und die Tür fällt hinter den Eltern ins Schloss. Das Kind bleibt allein.

Die Unruhe der Kinder

Die Kinder haben es heute schwerer als je zuvor. Noch nie gab es so viele unruhige Kinder. Sie werden als hyperaktive oder hyperkinetische Kinder, als Träger des Aufmerksamkeitsdefizitsyndroms charakterisiert, ja stigmatisiert. In vielen Fällen werden sie mit Psychopharmaka ruhig gestellt – Ritalin ist das Allheilmittel unserer Zeit. Erwachsene setzen es oft viel zu schnell und unreflektiert ein. Fachleute versuchen beim Zappelphilipp unserer Tage eine neurologische Störung auszumachen. Meist erfolglos. Die wahre Ursache zeigen die Bilder von Computertomografien nicht: Unruhige, hyperaktive Kinder sind das Abbild unseres heutigen Lebensstils, der Dauerstress und Dauereile zur Folge hat. In der Einleitung habe ich bereits ein Kind vorgestellt, das in seiner auseinanderklaffenden Familie keine Ruhe finden kann. Kein Wunder!

Merkwürdigerweise sind die meisten Zappelphilippe Jungen – auf acht hyperaktive Jungen kommt ein hyperaktives Mädchen. Fast in jedem Fall fehlt in der Familie der Vater, der das Temperament, die Dynamik, die Rauf- und Kampflust des Sohnes steuern könnte. Diese Aufgabe fällt dem Vater zu. Nicht der Mutter – eine Frau ist auf dem Gebiet körperlicher Aggression keine Expertin. Sie ist hierbei überfordert, und ihr Sohn schlägt über die Stränge.

Für die Unruhe von Kindern gibt es noch viele andere Ursachen. Ich will hier nur zwei weitere nennen, die mit unserem Zeitgeist, den ich oft als krank erlebe, zu tun haben. Die eine Ursache ist der blinde Ehrgeiz unserer Gesellschaft, die auf perfekte Leistung ausgerichtet ist. Dieser schlägt sich auch im Familieleben nieder – Kinder haben selten die Gelegenheit, sich selbst auf ihre eigene kindliche Art zu erleben und sich allmählich, in aller Ruhe zu entdecken. Schon im Babyalter wird von ihnen erwartet, dass sie störungsfrei trinken, durchschlafen und kommunizieren. Und bevor sie sich an ihre Muttersprache gewöhnt und sie übernommen haben, müssen sie in der Lage sein, Englisch zu lernen – ungeachtet dessen, dass das vielleicht noch gar nicht altersgemäß ist. Ob sie wollen oder nicht, werden sie in Markenkleidung gesteckt und vom Ballett zum Klavierunterricht, vom Kinderyoga zum Fremdsprachenunterricht getrieben. Wenn vielleicht mal nicht das Gesamtrepertoire durchgeführt werden kann und etwas scheitert, weil das Kind nicht mehr kann oder will, so wird die Mutter unruhig und steckt das Kind mit ihrer Unruhe an. Je unruhiger das Kind, desto unruhiger wird die ohnehin schon angespannte und nervöse Mama. Je unruhiger die Mama, desto unruhiger das Kind. Ein Teufelskreis. Und wie wir alle wissen, ist der Teufel ein Unruhegeist.

Die zweite Ursache ist die emotionale Vernachlässigung der materiell meist gut versorgten Kinder. Oftmals sind die Eltern eines hyperaktiven Kindes geschieden. Das Kind lebt bei der Mutter und diese ist mit ihren Sorgen und Aufgaben irgendwann total überfordert. Hinzu kommt die Wut auf den abwesenden Vater. Alle Gefühle der Mutter erleidet und empfindet das Kind mit. Manchmal kommt es zu seelischer Verwahrlosung auch in Familien, in denen die Eltern noch zusammenleben. Sie sind möglicherweise schon in der zweiten Generation von Arbeitslosigkeit betroffen. Nicht selten dient der Alkohol zur Aufheiterung und zum Trost. In solchen Haushalten wird selten gekocht und zusammen gegessen. Die Kinder – meist viele – werden notdürftig mit einer Tüte Chips und billiger Schokolade abgespeist. Der Fernseher übernimmt die Rolle des Erziehers – er läuft zuverlässig von früh bis spät in die Nacht hinein. So dämmern alle vor sich hin. Auch das Kind. Kein Angebot. Keine Pflicht. Die Kinder erfahren keine Zuwendung, kein Inter-

esse, keine Empathie. Nur Langeweile und die totale Unter-
forderung bestimmen das Tagesprogramm. Bis jemand reagiert, muss man fünfmal rufen. Wie sollen die Kinder Aufmerksamkeit aufbringen? Noch nie waren sie im Wald.
Noch nie im Münster. Noch nie am Hauptbahnhof. Sie sitzen und sitzen vor dem Fernseher, verschlingen Unmengen
Knabberei und werden dick, apathisch und lethargisch. In
der Schule lachen die anderen Kinder die Dicken aus und
necken sie. Die Betroffenen wehren sich, wie sie können,
spielen den anderen zuliebe den Störenfried oder doofen
Clown. Alsbald fallen sie auf und haben den Ruf weg, an einer Aufmerksamkeitsstörung zu leiden.

Das Buch »Unruhige Kinder«, das ich zusammen mit
Christel Schweizer geschrieben habe, ist aus Dankbarkeit
den unruhigen Kindern gegenüber entstanden: »Deshalb ist
das Kind anfällig für störende Einflüsse, die seine Entwicklung dann hemmen. Seine Verletzlichkeit lässt aber erkennen, wo es uns an der Ausgewogenheit mangelt und wo
schöpfungsbedingte Ordnungen in Gefahr sind. Seien wir
den Kindern dankbar, weil sie leidend auf sich nehmen, den
Finger in die Wunde unserer Zeit zu legen. Sie er-leiden die
Offenbarung (Apokalypse) einer Gefahr für die Menschheit
und regen an, die heilenden Ur-Kräfte wieder zu mobilisie-
ren.«

Ob materiell unter- oder überversorgt, die meisten Kinder
entbehren die seelische Ruhe, die sie für ihre Entwicklung
brauchen. Unabhängig davon, dass sie in einer von der Natur entfremdeten Welt leben, in der sie nicht erfahren, dass
ein Ei von einem Huhn gelegt wird und dass man zum Spielen aus dem Haus ins Grüne laufen kann, gibt es in ihrem
Zuhause keinen Ausgleich. Ein gemütliches Beisammensein
findet kaum statt. Die Eltern kommen nervös, gestresst und

nur für kurze Zeit heim. Wie und wann kann sich das Kind ihnen anvertrauen? So fühlen sich Kinder nur geliebt, wenn sie ruhig und brav sind und in der Schule etwas leisten. In der Schule finden sie die Liebe jedoch auch nicht. Wie viele Lehrer leiden am Burn-out-Syndrom? Ihnen geht es nicht besser als den Kindern.

II. Revolution in und mit Liebe

»Liebe und tu, was du willst.«
Augustinus

Die Liebe ist in Not. Die Not ruft uns zum entscheidenden Handeln auf. Wir wollen die Liebe als den höchsten Wert in unserem Leben entdecken und zur Geltung bringen. Verblendet durch unseren Wohlstand, die Käuflichkeit und Machbarkeit von allem und jedem haben wir uns zeitweilig von ihr entfernt, doch wir können sie wieder einbinden (»re-ligio«) in unser Leben. Sie ist das oberste Gesetz des Herzens, durch dessen Beachtung wir reich belohnt werden.

Ohne Zweifel gilt: Die Erneuerung der Liebe ist überall dort anzustreben, wo Menschen zusammen leben. Doch ist sie von besonderer Bedeutung dort, wo Kinder sind. Die Liebe ins Herz eines Kindes einzupflanzen, ist oberstes Gebot. Das fängt früh an: bereits mit der Zeugung. Am besten, wir beginnen schon vorher und setzen bei den beiden jungen Menschen an, die sich auf ihre Ehe und auf ihre Elternschaft freuen und sich entsprechend vorbereiten wollen. Für sie steht die Familie im Fokus.

Aus Erfahrung wissen wir: Der wundeste Punkt im Zusammenleben der Familie ist die Unfähigkeit, Konflikte zu bewältigen und sich auszusöhnen. Daran scheitern die meisten Ehen. Die heutigen Eltern haben es von ihren eigenen Eltern nicht lernen können, diese wiederum haben es von ihren Eltern auch nicht gelernt. Deshalb müssen wir die Pflege der Liebe in der Familie in den Vordergrund stellen und den (werdenden) Eltern Schulungen anbieten. Dies müssen wir allerdings zum großen Teil anders als unsere Eltern machen. Und das ist bereits die große Herausforderung, die mit vollem Recht den Namen Revolution verdient. Sinnlos wäre, wenn wir dabei eine zerstörerische Wut gegen unsere Eltern richten würden. Aussicht auf Erfolg verspricht nur die Liebe – auch die Liebe zu unseren Eltern, trotz all ihrer Fehler, denn wir werden verstehen lernen, dass sich ihre Fehler aus den Fehlern ihrer Ahnen erklären lassen. Bedingungslosigkeit, Barmherzigkeit und Hoffnung machen den Weg zur Liebe frei.

Ich erinnere mich an die folgenden weisen Worte von Albert Schweizer: »Mit gutem Beispiel voran zu gehen, ist nicht nur der beste Weg, die anderen zu beeinflussen. Es ist der einzige.« In Bezug auf den bereits angedeuteten Ausweg aus der Krise unserer Menschlichkeit heißt das: Die Erneuerung der Liebe ist nicht nur der beste Weg, der Liebe zur Vorherrschaft zu verhelfen. Es ist der einzige Weg.

Je nach Religion, politisch-kulturellem Hintergrund oder Tradition gibt es viele unterschiedliche Möglichkeiten, den Weg der Liebe zu gehen. Doch das Ziel ist das gleiche: zur Liebe – dem Gefühl, das uns alle verbindet – zu finden. Ich verstehe mich nicht als die alleinige Erfinderin einer Lehrmethode, die diesem Ziel dient: Im Alleingang, ohne die vielen wertvollen Erfahrungen aus den Beratungs- und Therapiepraxen, die mir zugespielt wurden, ohne das kreative Mitdenken, das unermüdliche und konstruktive Handeln meiner Kollegen und Freunde hätte ich gewiss keine Früchte geerntet. Deshalb vertrete ich in diesem Buch »*unsere* Schule der Liebe in der Familie«.

Der neue Lebensstil in der Familie

Er ist kein »Hokuspokus« – der neue Lebensstil in der Familie: Er lässt sich aus den Schöpfungsgesetzen ableiten, die wir mit auf den Weg bekommen haben, um Mensch zu werden. Der Gläubige glaubt an Gott, der Nicht-Gläubige an die Weisheit der Natur – so oder so, in der Tiefe unseres Herzens spüren wir, dass der Sinn der menschlichen Existenz in der Liebe verankert ist, und dass dieser Entwicklungsplan sich über viele tausend Jahre hinweg bewährt hat.

Die bedingungslose Liebe gilt als unsere größte Sicherheit. Sie ist unser Ziel und Leuchtturm. »Unsere Schule der Liebe in der Familie« bezieht Erkenntnisse über Bedürfnisse und Entwicklungsstufen des Menschen aus unterschiedlichen wissenschaftlichen Bereichen wie Anthropologie, Entwicklungspsychologie, Biologie, Instinktforschung, Hirnforschung, Theologie u. a. mit ein. Doch begleitet die Theorie eine jahrzehntelange Praxis der Intervention, Therapie und Erziehung in Familien. Auf sie blicken wir zurück, denn sie bestätigt uns, dass sich unser Konzept im Familienalltag und -leben bewährt hat.

Wenn wir den Blick auf die Vergangenheit werfen, heißt das noch lange nicht, dass wir empfehlen, in den Dschungel zurückzukehren – wir verordnen den modernen Müttern nicht, ihre Kinder bis zum dritten Lebensjahr zu tragen, wie es die Mütter der Naturstämme mit ihren Kindern im Tragetuch tun. Wir raten aber zu dem, was auch in unserer Zeit möglich ist: zur natürlichen Geburt und zum möglichst langen Verbleib des Neugeborenen am Herzen der Mutter. Zum Unterschied zu den primitiven Völkern trägt die moderne Mutter ihr Kind nicht solange überall mit sich herum, bis es sich selbstständig bewegen kann. Die Muskelkraft, die dazu nötig wäre, besitzt die heutige Mutter gar nicht. Dem Kind gönnen wir heute von Anfang an seine Freiheit – es darf seine Umwelt krabbelnd entdecken und sich in der Nähe der begleitenden Mutter frei bewegen. Falls es jedoch in eine emotionale Not gerät, muss es in den Arm genommen werden, um den Trost körperlich spüren zu können – oder im Falle eines Trotzanfalls, um die Erfahrung einer emotionalen Konfrontation machen zu können.

In unserer Schule der Liebe verzichten wir grundsätzlich auf körperliche Strafen und auf Strafen durch Liebesentzug (»time out«). Nicht nur, weil sie durch die Ausschüttung von Adrenalin an tierische Verhaltensweisen erinnern und menschenunwürdig sind, sondern vor allem, weil sie das Prinzip des bedingungslosen Liebens grob verletzen.

Körperliche Strafen schließen wir nicht deshalb aus, weil wir die alttestamentarische Sitte »Auge um Auge, Zahn um Zahn« durch die christlich-humanistische Haltung »Liebe deine Feinde« ersetzen wollen. Auch ist die Erfahrung mit ausschlaggebend, dass sich ein Kind Gelerntes einprägt und es weitergibt – spätestens im Erwachsenenalter wird es sich als Vater oder Mutter ähnlich verhalten wie seine eigenen Eltern. Der wichtigste Grund ist für uns die Tatsache, dass unter den Strafen körperlicher Art und auch durch den Entzug der Liebe der Blickkontakt nicht möglich ist, somit werden Empathie und emotionale Konfrontation verhindert. Die Kontrahenten blicken sich nicht an und nehmen sich während einer körperlichen Auseinandersetzung nie wahr. Nicht einmal bei dem harmlosen Klaps. Denn er wird über die Hand, den Po oder den Hinterkopf verpasst. Diese Körperteile werden angeschaut, das Gesicht bleibt außen vor. Zieht man das Kind am Ohr, so dreht es den Kopf zur Gegenseite und guckt weg. Oder erinnern wir uns an die Prügelstrafe auf den Hintern, die zur Kindheit unserer Großeltern gehörte. Was hat das Kind sehen können? Den Boden unter der Bank, über die es sich beugen musste. Und was sah der Erzieher? Wir können es uns ausmalen.

Noch brutaler sind die Strafen durch Isolation, weil sie den Blickkontakt unmöglich machen. Wenn man das Kind in den dunkelsten Winkel des Raumes stell, so sieht es nur noch diesen. Ob im Keller, Treppenhaus oder Kinderzimmer – hinter verschlossener Tür sieht das Kind kein lebendiges Wesen und wird von niemandem gesehen. Es befindet sich in Einzelhaft. Die Polizisten und Richter wissen nur zu gut, dass die Einzelhaft selbst den hartnäckigsten Verbrecher gefügig machen kann. Durch solche Strafen sollen Anpassung und Folgsamkeit des Bestraften erreicht werden. Das mag zwar gelingen, zurück bleiben jedoch verheerende psychische Schäden. Angst, Demütigung, Wut, Hass und Rachegelüste gehen damit einher.

Wer körperliche Strafen erlebt hat – egal, ob als Erwachsener oder Kind –, neigt dazu, die erlittene Aggression weiterzugeben, um sich selbst als den mächtigen Aggressor zu erleben. Wird ein Kind durch Liebesentzug bestraft, lernt es für sein Erwachsenenleben nichts Konstruktives. Der schlichte Satz »So mag ich dich nicht!« oder die Verbannung in ein dunkles Treppenhaus und das langfristige Ignorieren (»Solange du dich nicht entschuldigst und nicht versprichst, nicht mehr böse zu sein …«) stehen für diese Art von Strafe: Inmitten eines noch schwelenden Konflikts wird es als Erwachsener weggehen oder den anderen wegschicken (»Geh in die Küche/dein Büro, bis du dich beruhigt hast!«). Sich aus einem Konflikt davonzuschleichen, ist keine reife, auch keine fruchtbare Lösung. In solchen Fällen ist die Scheidung bereits programmiert. Weil Hans als Hänschen nicht gelernt, vielmehr nie gespürt hat, dass die bedingungslose Liebe die Grundvoraussetzung für unser Menschsein sowie das Zusammenleben in der Familie ist, wird er in dieselben Fallen tappen wie seine Eltern. Wer ist das Opfer? Das eigene Kind. Die eigene Frau. So dreht sich das Karussell weiter, die Abwärtsspirale wird nicht abgebrochen, und die fatale Familiengeschichte nimmt kein Ende. Fängt aber Hans an, über sich und seine Familie nach-zudenken, wird er sich dessen bewusst, wie schädlich kör-perliche Strafen und Liebesentzug sind, und er wird sich resolut gegen solche Methoden entscheiden.

Wie soll der Mensch seine eigene Aggressivität und die sei-nes Nächsten steuern, wie kann er sich vor dem Adrenalin-rausch schützen? Indem er seine Wut und ihre Auswirkun-gen wahrnimmt, indem er sich weder zum Angriff noch zur Flucht hinreißen lässt – beide sind triebgesteuert, doch bei-den kann der Mensch etwas entgegensetzen – mit seinem Verstand und seiner Sprache. Er wird sich demnach nicht wie ein Krokodil oder Wolf verhalten, sondern er wird wie ein Mensch handeln. In der modernen Psychologie spricht man von kognitiver Strategie.

Statt körperlicher Strafen oder Liebesentzug, lösen wir in der Schule der Liebe die Konflikte mittels der emotionalen Konfrontation. Für uns ist sie die einzig zulässige Art zwischenmenschlicher Kommunikation: Durch sie wird die allein dem Menschen zugängliche Möglichkeit der emphati-schen Spiegelung von Angesicht zu Angesicht genutzt und der auf dem menschlichen Verstand basierende Wille einge-setzt, um die bedingungslose Liebe trotz der vielen Hinder-nisse zu erneuern. Tiere sind dazu nicht in der Lage, was nicht heißt, dass wir sie deshalb nicht mögen sollen. Doch müssen wir uns immer wieder bewusst machen, dass wir als Menschen das Recht *und* die Pflicht haben, unsere Mensch-lichkeit zu entdecken und zu leben.

Die emotionale Konfrontation findet nicht nur zwischen Eltern und Kindern (gemeint sind Kinder aller Altersstu-fen) statt, sondern auch zwischen den Eltern untereinander. Wir empfehlen, dass das Kind als stiller Beobachter bei der elterlichen Konfrontation anwesend ist, um in jungen Jahren zu lernen, wie man mit Konflikten konstruktiv umgehen kann und um ein Vorbild für ein menschliches, empathisches und authentisches Verhalten in Konfliktsituationen zu haben. Das Kind wird beobachten, wie die beiden Erwachsenen ihren Schmerz ausdrücken, wie sie sich aktiv zuhören, wie sie sich ineinander einfühlen, ihr Herz öffnen, sich verstehen, einen Kompromiss aushandeln und die Liebe erneuern. Allerdings muss der Konflikt der Eltern für Kinderohren geeignet sein. Das Kind sollte keine Auseinandersetzungen über Seitensprünge, Abtreibungen und Scheidungen miterleben. Auch sollte es nicht dabei sein, wenn die Eltern ihre widersprüchlichen Ansichten über seine Erziehung austauschen.

In die Konfrontation der Eltern darf sich das beobachtende Kind jedoch nicht einmischen. Vielmehr soll es sich darauf verlassen können, dass seine Eltern ihren Konflikt meistern und gut verarbeiten können. Versöhnung und Erneuerung der Liebe sind das Ziel der Eltern – und das spürt das Kind. Eine solche Erfahrung macht es frei. Frei von einer Verantwortung, für die es zu jung ist; frei von der Rolle eines Richters oder Schlichters, die weit außerhalb seines Kompetenzbereichs liegt.

Unser Grundsatz lautet: Erwachsene dürfen niemals Kinder für ihre Probleme verantwortlich machen. Kinder haben ein Recht auf ihre Kindheit – sie dürfen Kinder sein und können am Vorbild ihrer Eltern sowie an eigenen Erfahrungen allmählich wachsen und lernen, wie jeder Konflikt mittels Offenheit, Empathie, Rücksicht und Versöhnung in Liebe verwandelt werden kann. Ganz im Sinne des Lebensgesetzes, das auf der Polarität beruht: Konflikt und Versöhnung sind wesentlich, doch ist Letzteres für das Zusammenleben bedeutsamer.

Aus der Sicht der Hirnforscher heißt es: Wird die Emotionalität auf der Ebene des limbischen Systems gereinigt und geordnet, kann sich auf ihrem Fundament das Denken und das Talent eines Menschen frei, locker und kreativ entfalten. Diese Erkenntnis ist nicht neu, nur wurde sie in unseren Tagen durch neurophysiologische Methoden auch für Zweifler überzeugend bewiesen. Beobachten wir uns selbst genau, können wir ebenfalls die Schlussfolgerung ziehen: Sind wir in Sorge und haben Kummer, fehlt uns die Aufmerksamkeit – wir können uns auf keine geistigen Inhalte konzentrieren, geschweige denn etwas Neues lernen. Unsere psychische Blockade macht uns stumpf. Deshalb ist die positive Konfliktbewältigung so wichtig. Doch ist sie uns seit einigen Generationen abhanden gekommen. Zwar haben wir den Streit unserer Eltern mitbekommen, doch nicht in einer kultivierten Form; und die Versöhnung entging uns komplett, sie wurde uns nicht zuteil. Wenn sich unsere Eltern überhaupt versöhnt haben, taten sie das zu später Stunde im Ehebett hinter verschlossener Tür. Als Kinder haben wir nichts mitbekommen – lediglich am Frühstückstisch konnten wir glücklich aufatmen, wenn wir die erneuerte Liebe unter den Eltern wieder wahrnahmen.

In einer stets gereizten Atmosphäre, in der sich undefinierbare Erwartungen und Ängste sowie Misstrauen und Missgunst ausbreiten, kann der Mensch nicht gut gedeihen. Seine Familie muss er als sicheren Hafen erleben, seine guten Freunde als zuverlässigen Kompass, um für seine nächste »Ausfahrt« gut gerüstet und ausgestattet zu sein. Der Leuchtturm darf im Hafen nie erlöschen, der Kompass muss den Weg weisen. So kann der Mensch gelassen den vielen Stürmen begegnen, sein Selbstvertrauen und seine Kreativität frei entfalten sowie den Sinn seines Lebens finden.

Die Versöhnung der Eltern mit den eigenen Eltern

Die wichtigste Voraussetzung für das Gelingen des neuen Lebensstils ist die Versöhnung mit den eignen Eltern. »Hätte ich ein Elternhaus voller Geborgenheit und Liebe gehabt ... Hätten mir meine Eltern das richtige Vorbild gegeben ... Hätte ich eine andere Mutter gehabt ... Wäre dieser schreckliche Mann nicht mein Vater gewesen ..., so wäre mein Leben ganz anders verlaufen.«

Feststellungen dieser Art, ewiges Jammern und Selbstmitleid helfen uns nicht weiter! Dabei werden stets negative Erfahrungen aufgemischt, ohne einen einzigen, wenn auch noch so kleinen Fühler in Richtung positiver Erlebnisse auszustrecken. Die nicht enden wollende Hilflosigkeit eines Kindes, das vernichtenden Umständen ausgeliefert war, tritt zutage. Ein solches Lamentieren ist sinnlos. Es bestätigt lediglich die eigene Ohmacht und das eigene Unglück. Wie sinnlos das ist, zeigen witzige Sprüche wie: »Wäre mein Onkel eine Frau gewesen, so hätte ich eine Tante mehr gehabt.« – Schade um die Energie!

Die Weisheit beginnt dort, wo der Mensch seinen Verstand einsetzt, um den Sinn hinter den Dingen und seinen Erfahrungen zu begreifen. Er erkennt, dass jede Erscheinung immer zwei Pole hat und dass das scheinbar nur Negative auch etwas Positives in sich birgt. Dann nimmt er sein Schicksal als Herausforderung an und begibt sich auf die Suche nach der Antwort auf die Frage: »Wozu ist das Negative gut?« – Analog und treu dem Polaritätsprinzip, erhoffen wir uns die Lösung der heutigen gesellschaftlichen Probleme nicht nur von Menschen, die ausschließlich »Friede, Freude, Eierkuchen« erlebt haben, sondern vor allem von solchen, die den konstruktiven Umgang mit Problemen früh gelernt haben.

Entscheidend ist die Sichtweise eines Menschen, der ein Problem lösen möchte. Die Sicht ist zunächst vernebelt und durch den eigenen kindlichen Schmerz verformt. Der Schmerz kann überwältigend sein, schließlich ist er in all jenen Jahren entstanden, in denen der Verstand noch nicht ausgebildet war. Bleibt der Schmerz unverarbeitet, zieht er sich bis ins Alter hinein, in dem der Mensch anfängt, dement zu werden – und dann kommt jede Hilfe zu spät.

Es kommt darauf an, ob in der Kindheit eines Menschen jemand da war, der dem Kind das fehlende Mütterliche oder Väterliche stellvertretend vermitteln konnte. In seltenen Fällen können stellvertretende Eltern – das sind manchmal die Großeltern, Adoptiv-/Pflegeeltern oder die Waisenheimerzieher – dem seelisch oder tatsächlich verwaisten Kind die leiblichen Eltern ersetzen. Trotzdem bekommt das Kind von dem genug, was es braucht – Liebe und Empathie. Damit ist es für die Zukunft gut ausgestattet – der Samen der bedeutsamsten Lebensweisheit ist eingepflanzt und kann Früchte tragen.

Diese Weisheit steckt im vierten Gebot: »Ehre deinen Vater und deine Mutter, damit du lange lebst und es dir gut geht in dem Land, das der Herr, dein Gott, dir gibt.« Ein merkwürdiges Gebot. Zum Unterschied zu den anderen zehn Geboten beinhaltet es kein Verbot – und es droht nicht. Es wirkt wie eine präventive Maßnahme oder Psychohygiene und bietet eine wichtige Lebensberatung an, ja es weist auf eine Option hin, ohne den Menschen mit dem erhobenen Zeigefinger einzuschüchtern: »Das darfst du nicht, das verbiete ich dir!« Im Gegenteil: Der Mensch darf frei entscheiden, ob er die Chance ergreift oder nicht – allerdings erst der erwachsene Mensch, der schon entscheidungsfähig ist. Ihm wird zugesprochen: »Dir, Mensch, ist es vergönnt, in Freiheit zu entscheiden, welches Flussbett deine Liebe haben wird. Das hängt davon ab, ob und wie du die Quelle, aus der du hervorgegangen bist, ehrst. Je nachdem, wie du dir die beiden Ufer bewusst machst, wird der Fluss deiner Liebe gelingen. Und du wirst bei seelischer Gesundheit lange leben.« – Nirgends steht, dass es die Eltern »verdienen« müssen. Dieses Gebot gilt unter allen Umständen. Trotz aller Fehler und Sünden, die die Eltern begangen haben. Liebt der Mensch seine Eltern vorbehaltlos, kann er auch sich selbst vorbehaltlos lieben. Das Gebot der Liebe gelingt allerdings nicht, solange ein erwachsener Mensch immer noch als verletztes Kind durch die Welt geht, unendlich leidet, seine Eltern für sein Elend verantwortlich macht und sie verurteilt, sich selbst bemitleidet und stets um sich selbst kreist. In dem Fall ist er nur scheinbar erwachsen. Innerlich ist er noch im Schmerz gefangen und meist auch wirklich psychosomatisch krank – er hat Gallensteine, Rückenschmerzen, Magengeschwüre u. a. Viele Krankheiten lassen sich als Folge blockierter Wut auslegen.

Der Maßstab für die Reife einer Persönlichkeit richtet sich nach dem emotionalen Alter des Menschen. Und dieses Alter ist abhängig von der Entwicklungsstufe, auf der sich die schmerzhafte emotionale Blockierung ereignete. Je nach der Art der noch kindlichen, unverarbeiteten Emotionen wird der Mensch entweder dazu neigen, die vermisste Bemutterungsphase nachzuholen, oder den Widerstand gegen die autoritäre, elterliche Unterdrückung, gegen die er weder in der Trotzphase noch in der Pubertät protestieren konnte, ausleben. Im ersten Fall missbraucht er mit seinen Übertragungen seinen Ehepartner, ja sogar sein eigenes bedürftiges Kind, indem er ihm die elterliche Zuwendung, die es braucht, verweigert. Im zweiten Fall versucht der Mensch krampfhaft, besser als seine Eltern zu sein. Er rebelliert gegen den strengen Erziehungsstil seiner Eltern, indem er sein Kind grenzenlos verwöhnt. Infolge solcher Übertragungen begeht er viele Fehler – sowohl in der Ehe als auch im Umgang mit seinen Kindern. Sie sind ihm allerdings als »Fehler« nicht bewusst.

Eine andere Dynamik entsteht dann, wenn ein Kind die Charakterschwäche seines Vaters oder seiner Mutter zunächst hasst, später aber selbst genauso wird, wie der Vater oder die Mutter es seinerzeit waren. Im Kindesalter hasste er den stets angetrunkenen Vater, und als Erwachsener trinkt er nun auch über den Durst. Das ist so, als würde sein Herz zum Vater sprechen: »Ich bin genauso wie du, lieber Papi!« Das kommt einer Liebeserklärung gleich. Nur ist diese Liebe (selbst)zerstörerisch.

Es gibt noch viele andere Formen der emotionalen Blockierungen im Kindesalter. Sie würden ein ganzes Buch füllen. Für alle gibt es einen gemeinsamen Nenner: den in der Kindheit erlittenen Schmerz, der sich negativ auf die weitere Persönlichkeitsentwicklung auswirkt. In allen Fällen schleppt der Betroffene seinen Schmerz ein Leben lang mit sich herum, bleibt demzufolge kindlich und kann nicht erwachsen werden. Auch wird er nie so reif sein, um selbst Vater bzw. Mutter zu werden.

Die grundlegende Hilfe, die einem kindlich gebliebenen Erwachsenen zuteil werden muss, besteht in der Behandlung der Wurzeln seines Schmerzes und der Aufdeckung der Ursachen, die zu ihm führten. Der Weg, den der Betroffene beschreitet, ist so etwas wie ein Königsweg – er hat etwas Großzügiges an sich: Er führt zur Bereitschaft, sich nicht aus der Sicht des leidenden Kindes, sondern mit dem Verstand eines Erwachsenen in jenen Elternteil einzufühlen, durch den der Schmerz verursacht wurde. Der Betroffene wird erkennen, wo der Schmerz begann. Er wird als logisch denkender und empathischer Erwachsener die Betroffenheit des »schuldigen« Elternteils in dessen eigener Kindheit verstehen; er wird sich in dessen schweres Schicksal einfühlen und dadurch reifen: Am Ende des Prozesses steht kein Kind mehr, sondern ein verständnisvoller, erwachsener Mensch, der die Verantwortung für sein eigenes Schicksal bewusst in die Hand nimmt. Er ist zum einsichtigen Erwachsenen herangereift, der bereit ist, seine Eltern trotz all ihrer Fehler zu lieben, ihr schmerzhaftes Schicksal anzuerkennen, sich bei ihnen zu bedanken und sich den Segen von ihnen zu holen. Die Versöhnung mit den Eltern öffnet das Tor zur Freiheit; sie ist der Garant für den Mut, erwachsen zu werden und selbst Vater bzw. Mutter zu werden. Das heißt nicht, dass er ab sofort fehlerfrei ist: Ohne Fehler die Elternrolle auszuüben, ist gar nicht möglich.

Über die Weisheit dieser heilenden Gedanken staune ich immer wieder. Sie werden heute in der therapeutischen Praxis angewandt, doch haben sie einen zutiefst existenziellen und spirituellen Hintergrund, der sich bei allen Völkern wiederfindet. Es ist die Weisheit, die seit jeher in unseren einfühlenden, wissenden Herzen angelegt ist. Wir finden sie im 1. Brief von Paulus an die Korinther (13,11-13) ausgedrückt: »*Als ich ein Kind war, redete ich wie ein Kind, dachte wie ein Kind, urteilte wie ein Kind. (1. Stadium) Seit ich jedoch ein Mann geworden bin, habe ich die Kindesart abgelegt. (2. Stadium) Jetzt ist mein Erkennen Stückwerk, dann aber werde ich ganz erkennen, wie ich auch ganz erkannt worden bin. Nun aber bleiben Glaube, Hoffnung, Liebe, diese drei; am größten jedoch unter ihnen ist die Liebe. (3. Stadium)*«

Der Verlauf der Versöhnung

Der Verlauf richtet sich nach der Logik der emotionalen Entwicklung des Menschen: von der schmerzhaften Behandlung der Wurzeln über die veränderte Betrachtung des Schmerzes bis hin zur Versöhnung. Aus der Perspektive der Neurophysiologie und Entwicklungspsychologie entspricht diese Reihenfolge den Entwicklungsschritten der Gehirnfunktionen und der jeweiligen Fähigkeiten. Zunächst wirkt beim Kind die emotionale Wahrnehmung mittels des limbischen Systems. Das Kind hat auf dieser Stufe keinerlei Fähigkeit ausgebildet, um die Ursachen des elterlichen Verhaltens zu hinterfragen. Erst im erwachsen werdenden Gehirn können sich aufgrund des logischen Denkens in der Großhirnrinde Veränderungen der Sichtweise auf vergangene Erlebnisse vollziehen. Der Mensch erkennt seine eigene Identität und er ist bereit, Erkenntnisse über das Schicksal seiner Eltern zu gewinnen, um die Eltern durch sein Einfühlungsvermögen, sprich: durch die Intelligenz des Herzens, zu verstehen. Erst dann ist der Mensch von den Schatten seiner Vorgeschichte erlöst. Er ist frei für und in der Liebe.

Die soeben beschriebenen drei Schritte entsprechen auf spiritueller Ebene den drei Stadien des Paulus-Zitats: Sie widerspiegeln die drei Schritte des Versöhnungsprozesses.

Der Prozess vollzieht sich in drei Schritten in einem leichten Hypnozustand (etwa wie beim autogenen Training oder bei einer Phantasiereise) mittels Visualisierung:

Erster Schritt: Der Klient geht in seine Kindheit zurück, wo ihm die Mutter (der Vater) den unvergesslichen Schmerz zugefügt hat.

Zweiter Schritt: Aus seiner erwachsenen Sicht lässt der Klient ein Bild seiner Mutter (seines Vaters) aufkommen, als sie (er) unglücklich war.

Dritter Schritt: Der Klient besucht die Mutter (den Vater) dort, wo sie (er) jetzt ist (z. B. im Altersheim oder im Himmel), um sich mit ihr (ihm) zu versöhnen und sich von ihr (ihm) segnen zu lassen.

Die Schrittfolge ist nicht austauschbar. Kein Schritt darf ausgelassen werden: Ohne den ersten kann der zweite Schritt, ohne den zweiten kann der dritte Schritt nicht gelingen. Der letzte Schritt ist als das zu erreichende Ziel der wichtigste Schritt. Den Schlüssel zur Lösung hat jedoch der zweite Schritt. Insofern ist er die Bedingung für das Gelingen des letzten Schrittes.

Es gilt eine Tür nach der anderen aufzumachen, bis man im Freien steht. Der Therapeut muss dem Klienten bewusst machen, dass der Prozess nicht anders als mit der Versöhnung enden darf. Deshalb muss sich der Klient unter allen Umständen auf die Versöhnung einlassen, das heißt allerdings nicht, dass ihm negative Gefühle verboten werden, im Gegenteil: Sein Hass auf die Mutter oder den Vater muss zugelassen und ausgesprochen werden, nur so wird er sich in Liebe verwandeln.

Es gibt viele therapeutische Methoden, die auf unterschiedlichen Wegen mehr oder weniger wirksam den Klienten mit seinen Eltern versöhnen. In unserer Schule der Liebe hat sich eine Methode aus der Praxis der Festhaltetherapie bewährt: die Visualisierung. Sie entstand aus Not: Viel zu oft kam es vor, dass die alten Eltern an der Therapie mit ihren schon erwachsenen Kindern, aus welchem Grund auch immer, nicht persönlich teilnehmen konnten – einige waren verstorben, andere dement oder nicht mehr in der Lage, ein ungewohntes, emotional starkes Aufgewühlt-Sein mitzumachen, sodass sich »das Kind« gehemmt gefühlt hätte, seinen Schmerz voll auszudrücken.

Die Methode der Visualisierung ist wirksamer, als die Eltern durch andere Personen vertreten zu lassen, wie es beispielsweise beim Psychodrama oder bei Familienaufstellungen geschieht. Es hat sich gezeigt, dass die Konfrontation mit dem vorgestellten Bild der wirklichen Mutter so, wie sie in der Zeit des Konfliktes wirklich war und wie sich das Kind damals fühlte, von großem Vorteil ist: »Das Kind« braucht keine Rücksicht zu nehmen, wenn es seinen Schmerz ausdrücken möchte. Und das ist im Heilungsprozess das Entscheidende: Der Klient muss die Möglichkeit haben, starke Gefühle auszudrücken, sonst kann er sich von seinem Schmerz nicht befreien. Niemand darf ihn dabei hemmen. Denn sein Gefühlsausbruch wird ihn erlösen. Die weiteren Vorteile der Visualisierung werde ich weiter unten beschreiben.

Im weiteren Verlauf möchte ich zwei unterschiedliche Formen des visualisierten Vorgehens vorstellen. Die leichtere verläuft während einer Meditation mit bis zu zwanzig Menschen. Der Leiter trägt einen Meditationstext für die ganze Gruppe vor. Der Nachteil ist, dass man den Text nicht konkret adressieren kann, indem man z. B. eine bestimmte Mutter oder einen bestimmten Vater anspricht. So wirkt der Text etwas umständlich und schmälert die emotionale Wirkung. Ein weiterer Nachteil ist, dass in der Gruppe jegliche individuelle Zuwendung ausbleibt. Dementsprechend ist auch der therapeutische Effekt bescheiden. Während die Meditation vorgetragen wird, sitzen die Zuhörer entspannt auf ihren Stühlen (vergleichbar mit dem Verhalten beim autogenen Training) und lassen sich auf den gesprochenen Text ein. Die Versöhnung wird von dem Leiter in die Wege geleitet und realisiert. Sie ist die schwierigere Form der therapeutischen Arbeit während der Visualisierung, aber auch die wirksamste; daher bedarf sie einer ausführlicheren Darstellung.

Zunächst wenden wir uns der leichteren Form, der Meditation, zu.

Meditationstext:
»Meine Lieben, ich schaue euch an und nehme euch wahr. Dich und dich. Und dich. Ihr seid eine besonders sensible Gruppe. Sehr feinfühlige Menschen. Ich fühle mich aufgefordert, euch eine angemessene, besonders sensible Selbsterfahrung zu vermitteln.

– Pause –

Du hast eine Mutter und einen Vater. Du hast sie immer noch, auch wenn sie nie für dich da waren oder schon verstorben sind. Du warst ihr Kind. Und wahrscheinlich hast du es nicht leicht gehabt. Vielleicht liegt ein solcher Schatten auf der Liebe zu deiner Mutter. Vielleicht war es mit dem Vater nicht so leicht … Ich biete dir an, den Schatten aufzuhellen. Drei Schritte wirst du dazu gehen müssen. Im ersten Schritt wirst du dir den Schmerz bewusst machen. Was für ein Schmerz ist es? Welche Erinnerung ist schmerzhafter? Jene an die Mutter oder jene an den Vater? Bewege diese Fragen in deinem Herzen!

– Pause –

Nimm eine bequeme, entspannte, lockere Position auf deinem Stuhl ein. Leg deine linke Hand über deinen Bauch auf die Galle. Hier sind Zorn, Wut und Widerstände, die du von klein auf schlucken musstest, gelandet.

– Pause –

Deine rechte Hand legst du nach links, wo dein Herz schon so lange ohne Unterlass schlägt. Dein Herz hat so viel Schmerz erleiden müssen, wenn die Liebe nicht geflossen ist. Du selbst konntest dich nicht lieben und bekamst nicht so viel Liebe, wie du gebraucht hättest. Und du warst noch so klein … Schließ jetzt deine Augen! Spür dein Herz noch aufmerksamer. Es war immer bei dir und hat alle deine Gefühle miterlebt. Schon in Mutters Bauch hat dein Herz die Gefühle deiner Mutter miterlebt. Ihre Sorgen, ihre Trauer, ihre Hoffnungen, ihre Freuden …

– Pause –

Spür deinen Atem. Atme tief ein und aus – mit etwas geöffnetem Mund, um deinen Atem noch bewusster wahrzunehmen. Spür wie er rein – und wieder rausfließt. Geh nun mit deinem Atem bis hinab in deinen Magen. Wie fühlt er sich an? Ist er frei? Ist er angespannt wie in deiner Kindheit, als du so oft allein mit deinen Ängsten und deiner Trauer warst, als du die Tränen heruntergeschluckt hast? Betaste deine Galle, die deinen Zorn empfing. Nimm den Schmerz mit zwei, drei Atemzügen wahr und geh mit ihm zu deiner Lunge. Beobachte, wie sie sich mit dem Einatmen hebt und mit dem Ausatmen wieder senkt. Immer wieder, immer wieder, wie die Wellen … Und spür, wo in deinem Körper noch immer eine Anspannung steckt. Spürst du sie? Dann schick deinen Atem dorthin und atme in die angespannte Stelle hinein. Und atme noch mal ganz bewusst. Schenk den Atemzug deinem Herzen.

– Pause –

Wie geht es deinem Herzen? Schlägt es regelmäßig? Welche Farbe hat es? Halte es mit deiner rechten Hand fest und mach mit ihm eine Reise, eine Rückreise in deine Kindheit.

1. Schritt: Geh dorthin, wo du als Kind zu Hause warst. Schau alles ganz konkret an. Siehst du den Weg zur Haustür? Musst du Treppen hinaufgehen? Welche Farbe haben die Treppen? Wie viele sind es? So oft hast du sie gezählt. Wie sieht das Geländer aus? Mach die Tür auf! Ist hier eine Türklinke oder ein Knopf? Geh rein! Schau dir den Flur an! Mach weitere Türen auf! Geh in die Küche! Siehst du den Ofen, den Schrank, die Töpfe? Wonach riecht es? Siehst du deinen Teller, das Besteck, deinen

Stuhl? Und geh dann weiter, in andere Räume. In dein Schlafzimmer. Schau dich nach deinem Bett um! Ist noch jemand da? Schau dir alles ganz genau an! Und bleib in dem Raum, wo dir deine Mutter (oder dein Vater) einen großen Schmerz zugefügt hat! Einen Schmerz, den du bis heute nicht vergessen kannst. Es tut weh. Ganz arg. Du warst so klein und so machtlos. Nimm den Schmerz wahr! Er steckt immer noch tief drin in deinem Herzen! Wisch nun das Bild ab! Mit tiefen Atemzügen. Ein und aus. Mach dich frei von diesem Schmerz! Du wirst diesen Schmerz nie vergessen können. Aber du kannst den Schmerz verstehen und ertragen, wenn du ihn zu verstehen versuchst. Hab Verständnis für das Schicksal deiner Mutter (deines Vaters). Auch sie (er) war einmal ein Kind und fühlte sich machtlos und ausgeliefert ... Atme ganz ruhig dreimal ein und aus!

2. Schritt: Schau jetzt die Kindheit von deiner Mutter (deinem Vater) an. Jetzt bist du kein Kind mehr. Jetzt bist du ein Erwachsener, der viel versteht von den Zusammenhängen im Leben. Du hast den Überblick, den ein Kind nicht hat. Du kannst alles von oben anschauen. Schau mit deinen erwachsenen Augen und deinem weise gewordenen Herzen deine Mutter (Vater) in ihrer (seiner) Kindheit an. Lass ein solches Bild aufkommen! Eine Momentaufnahme, wo du das Kind, das später deine Mutter (dein Vater) wurde, in einem großen Schmerz siehst. In großer Betroffenheit. In Hilflosigkeit. Wie alt ist das Kind? Wie sieht es aus? Wie ist es angezogen? Ist noch jemand dabei oder ist es ganz allein? Wo schaut es hin? Was machen die Hände? Und wenn du die Betroffenheit des Kindes wahrnimmst, dann sag dem Kind: »Ich verstehe dich. Du hast es schwer.« Und atme wieder dreimal mit tiefen Atemzügen ein und aus.

3. Schritt: Und jetzt gehen wir dorthin, wo bereits deine

Mutter (dein Vater) ist. Wie kommst du dahin? Wenn du in den Himmel gehst, was brauchst du dazu? Eine Leiter aus Lichtstrahlen, einen Schutzengel? Und wenn du nicht gläubig bist, überleg dir, wo soll die Begegnung stattfinden? Am Ende eines Tunnels, auf der anderen Uferseite eines dir bekannten Flusses? Und wenn das Treffen hier auf der Erde stattfindet, kommst du mit dem Auto, dem Fahrrad oder zu Fuß hin? Wenn du die Mutter (den Vater) siehst, sag zu ihr: »Mutter (Vater), bitte, setz dich hier auf den Stuhl und ich setze mich auf den Boden zu deinen Füßen. Du bist für mich die Große, die mir das Leben geschenkt hat. Ich hatte es manchmal sehr schwer mit dir. Doch als Erwachsene schaute ich eines Tages das Bild von deiner Kindheit an und habe begriffen, was dir zugestoßen ist. Du hast mir nicht mehr geben können als das, was du selber bekommen hast. Und du konntest mir nicht das geben, was du selber nicht bekommen hast. Ich nehme das Leben von dir an – mit allem, was es dich gekostet hat. Du bist mir nichts schuldig. Den Rest mache ich allein – dank der Lebenskraft, die du mir gegeben hast. Ich danke dir für alles und ich gebe dir in meinem Herzen einen festen Platz. Trotz allen schlechten Bedingungen. Bedingungslos. Trotz aller Vorbehalte. Vorbehaltlos. Damit ich mich trotz aller Fehler lieben und eine solche Liebe an meine Nächsten weitergeben kann. Das macht mich frei für meinen Lebensweg. Gib mir bitte deinen Segen auf den Weg!«

– Pause –

Atme nun den Segen mit tiefen Atemzügen ein und aus! Spür unter deiner rechten Hand dein Herz, mach deine linke Hand frei, leg deine Hände ganz frei auf deinen Schoß und mache deine Augen auf!«

Im Weiteren wenden wir uns der komplizierten Form der Aussöhnung zu: der therapeutischen Versöhnung unter festhaltender Umarmung.

Der Klient, der sich versöhnen möchte, wählt selbst eine Person aus, in deren Umarmung er den Prozess durchstehen möchte. Diese soll keinesfalls zum Vertreter eines Elternteils werden. Ihre Aufgabe ist lediglich, durch die sichere, feste Umarmung dem Klienten ein Sicherheitsgefühl zu vermitteln, damit er, wenn er eventuell emotional überaus aufgewühlt ist, geschützt und nicht allein ist. Deshalb ist der eigene Ehepartner oder eine gute Freundin die beste Wahl. Zudem ist es vorteilhaft, wenn der Ehepartner durch das Festhalten einen tieferen Anteil an der Lebensgeschichte seines Partners nehmen kann, als es bisher im Eheleben gegeben war. Auf diese Weise können sich die beiden möglicher Übertragungen bewusst werden und sie auflösen. Zum Beispiel kommt es häufig vor, dass die Frau den Ekel vor der Sexualität und ihre Wut auf ihren Mann überträgt, obwohl sie ihrem Vater gilt. In manchen Fällen lässt sich mit dieser Methode sogar eine Paartherapie ersetzen.

Zu empfehlen ist, dass der Therapeut die emotionale Belastbarkeit des Klienten vorsorglich überprüft: Bei weniger belastbaren Klienten, zu denen die präpsychotischen Menschen und die Borderline-Persönlichkeiten gehören, kann es vorkommen, dass sie aus dem Prozess aussteigen und anfangen, sich auf ihre Weise von der schmerzhaften Konfrontation abzuspalten – sie dissoziieren und flüchten in Halluzinationen. Der Therapeut muss sich im Falle einer frühen Traumatisierung seines Klienten absichern. Es hat sich als hilfreich erwiesen, mit dem Klienten einen sogenannten »Anker« im Voraus auszuwählen, an den er sich für den Fall eines Abdriftens halten kann. Hat man einen »Anker« zur Verfügung, so gelingt die Wiederanbindung an die Realität leicht. Diese Methode wird auch in der Traumatherapie eingesetzt.

Ein Beispiel: Als Anker hat Frau N. einen Ring von ihrer Oma benannt, den sie bis heute an ihrem Finger trägt. Als sie infolge einer ausgebrochenen Erinnerung an einen Inzest mit ihrem Vater aus ihrem Ich ausstieg und sie trotz bereits geöffneter Augen nicht ihren Namen sagen konnte und weder rechts noch links zu unterscheiden wusste, da war es der Ring, der sie über die Erinnerung an die geliebte Oma wieder zu ihrem Ich – ihrem Bewusstsein – hinführte. (Unserer Erfahrung zufolge geschieht so etwas nur äußerst selten, und jedes Mal gelang das Zurückfinden in die Realität unmittelbar und problemlos.)

Der Prozess geschieht unter der steten individuellen Betreuung durch den Therapeuten. Der Auftakt ist ein Gespräch, in dem geklärt wird, mit welchem Elternteil die Versöhnung stattfinden soll. Mit der Mutter oder mit dem Vater? Beide zusammen kann man nicht versöhnen, obwohl in der Regel die Versöhnung mit beiden notwendig wäre. Der Therapeut informiert sich über die Lebensumstände des Klienten, um ihn bei der Rückkehr in seine Kindheit begleiten zu können. Wie wurde die Mutter angesprochen? Wie der Vater? Welche Beziehung hatten sie zueinander? War es die erste Ehe? Wie viele Kinder hatten sie? Das wievielte Kind war der Klient? Was weiß der Klient von seinen verstorbenen Geschwistern? Welche dramatischen Geschichten haben sich in der Familie ereignet? Der Therapeut versichert dem Klienten, ihn unter allen Umständen zur Versöhnung mit seiner Mutter (seinem Vater) zu führen. Der Klient muss demnach keine Angst haben, seine Wut oder seinen Hass auszudrücken. Der Therapeut führt ihn sicher auf dem Weg der Erneuerung der Liebe; und wenn

Liebe nicht möglich ist, dann zumindest Achtung vor dem schweren Schicksal, das die Mutter (der Vater) seinerzeit erleiden musste. Die Informationen über dieses Schicksal müssen jedoch während des ersten Schrittes ausbleiben, sonst verhindert das erwachte Mitleid, dass der Schmerz voll ausgedrückt wird.

Nach dem Gespräch legt sich der Klient mit dem Rücken auf die Matte. Eine Hand legt er auf den Bauch und die andere führt er ans Herz. Der Haltende hält ihn von oben in seinen Armen – fest, aber sanft und keinesfalls einengend oder schmerzhaft. Er fühlt mit, aber er tröstet nicht. Und er mischt sich in den Prozess nicht ein. Beide schließen die Augen. Nur der Therapeut hat den Klienten im Blick. Er beobachtet seine Körpersprache und die Bewegung seiner Emotionen. Er verhilft ihm, sich über die Körperempfindungen seiner Gefühle bewusst zu werden und inszeniert unter Visualisierung eine Konfrontation, die mit dem betroffenen Elternteil noch nie stattgefunden hat. Das ist eine neue Erfahrung und ermutigt den Klienten, die frei gewordenen Gefühle auszudrücken.

Alle drei Schritte verlaufen in der gleichen Stellung. Im ersten Schritt ist darauf zu achten, dass sich die Wut in Trauer verwandelt. Denn die Wut selber öffnet kein Tor zur Versöhnung, weil sie meist blind ist. Die Trauer ist die maßgebende Macht, denn sie schaltet den Verstand ein – etwa mit der Frage: »Warum warst du so wenig für mich da, Mutter (Vater)?« Wenn die Trauer ausgedrückt wurde, so betrachtet man den ersten Schritt als beendet. Den ganzen Schmerz kann man sowieso nicht voll ausdrücken. Man kann ihn nicht auflösen. Er bleibt. Man kann ihn lediglich erträglich machen, indem man ihn mit dem Verstand begreift und ihn mit Liebe betrachtet. Deshalb ist zwischen dem ersten und zweiten Schritt ein Gespräch notwendig, um den ungünstigen Lebenslauf der Mutter (des Vaters) in ihrer (seiner) Kindheit anzuschauen und somit mildernde Umstände für seine Mängel und Defizite ausfindig zu machen. Dieses Gespräch findet in der Regel im Sitzen statt, manchmal ist es auch angezeigt, eine Aufstellung der Ursprungsfamilie zu machen.

Die Wirksamkeit der Methode steckt in der Kraft der Bilder. Je konkreter die Bilder, umso wahrhaftiger ist das Erleben. Deshalb gibt der Therapeut die Bilder nicht vor, sondern lässt den Klienten seine eigenen inneren Bilder entdecken; er begleitet den Klienten nur auf seinem Weg, um ihm zu helfen seine Wahrheit auszudrücken. Der Therapeut ist der Moderator, oftmals auch der Regisseur, der für die emotionalen Darstellungen des Klienten günstige Bedingungen schafft. Er tut es immer nur visuell. Jedoch kann er während der Visualisierung auf den Klienten durchaus einwirken. Er kann z.B. hinter den Klienten zwei Erzengel stellen, damit dieser keine Angst hat, sich gegen die Brutalität des Vaters aufzubäumen. Und genauso kann er die Versöhnung im Himmel im dritten Schritt beeinflussen, indem er die komplette Berliner Philharmonie auffährt und mit Mozart ein feierliches »Halleluja« inszeniert.

Fallbeispiel: Anne versöhnt sich mit ihrem Vater
Aus dem Brief einer Frau namens Anne (42), seit zwanzig Jahren mit Jens (45) verheiratet:

»Wir sind mit unseren beiden Kindern aus dem Urlaub zurück. Von Erholung kann keine Rede sein. Von wegen! Wie jedes Jahr so auch dieses Mal kommen wir noch müder als zuvor zurück, mit schlechter Miene und enttäuscht. Die braun gebrannte Haut täuscht über die wahre Stimmung hinweg. Und niemanden ist zum Reden zumute. Hin und wieder unterbricht einer von uns die Stille mit gereizten Worten wie »Wann räumst du den Koffer endlich auf?« oder

»*Schon wieder stehst du mir im Weg!*« *Ganz so, als ob jeder ein Fass voller Dynamit wäre, das gleich explodieren könnte.*

In einer Illustrierten lese ich, dass die meisten Scheidungen nach dem Urlaub beantragt werden. Also sind wir keine Ausnahme. Das ist aber kein guter Trost.

Wie kommt es bloß, dass wir uns nicht mehr vertragen? Wir haben doch aus Liebe geheiratet und haben unsere Kinder nach dem Vorbild unserer Eltern erzogen so, wie auch wir selber groß geworden sind. Warum sind wir nicht in der Lage, unsere Beziehung in Liebe aufrechtzuerhalten? Die Tatsache, dass wir drei Wochen in einer kleinen Ferienwohnung verbracht haben, kann doch nicht an unserer Entfremdung schuld sein. In vielen Familien auf dieser Welt, die sehr arm sind, wohnen Menschen noch enger – und nicht nur drei Wochen, sondern ihr Leben lang. Dennoch halten es viele aus, ja sie halten sogar zusammen. Was machen wir falsch?

Die Spannung fing schon während der Hinfahrt an, als ich meinem Mann anbot, ihn am Steuer abzulösen. Er hat es resolut abgelehnt: »*Spinnst du, ausgerechnet über die Alpenpässe soll ich dir das Auto anvertrauen?*« *So eine Missachtung! Was für eine Abwertung und Erniedrigung! Und das vor unseren Kindern, die ich jeden Tag und bei jeden Wetter zur Schule fahre und die mich doch als gute PKW-Fahrerin kennen, die zum Unterschied von ihrem Vater noch nie wegen irgendwelcher Verkehrsregeldelikte bestraft wurde. Der freche Satz hat mir die Sprache verschlagen. Zu einer angemessenen Reaktion war ich nicht in der Lage. Ich schwieg. Und ich schwieg bis nach Meran. Mein Mann auch. Wenn die Kinder nicht gestritten hätten, so hätte im Auto Totenstille geherrscht. Erst als die Kinder in ihren Betten verschwunden waren, fragte mich Jens, was mit mir los sei.* ›*Du musst es doch wissen*‹, *gab ich ihm zur Antwort. Daraufhin schwieg er weiter. Daran war zu erkennen, dass er genau wusste, worum es ging. Dann gingen wir zu Bett. Je-*

der auf seiner Seite, mit dem Rücken zum anderen. Jetzt hätte ich gerne mein Problem eröffnet. Ich dachte an meine Mutter. Von meinem Kinderzimmer aus habe ich mir immer angehört, was die beiden im Bett machten und wie sie meinem Vater die Leviten las. Viel zu sehr erinnert mich Jens an meinen Vater. Und dann hörte ich nur noch die komischen erotischen Geräusche der beiden. Nein, nein, so mache ich es nicht. Ich will meine Ebenbürtigkeit als Frau durchsetzen. Ich bin doch kein Kind mehr, das Unrecht erdulden muss. Ich weiß, was ich ihm sage. Er muss sich entschuldigen. Gerade als ich ihn ansprechen will und mich zu ihm drehe, fängt er an zu schnarchen. Widerlich. Ich stehe auf, mache das Licht an und schreibe meine Argumente gegen ihn auf. Einschlafen aber kann ich mit dem Bauch voller Wut nur sehr schwer. Irgendwann mitten in der Nacht legt er seine Arme um meine Taille. Demonstrativ hülle ich mich in die Zudecke und weiche ein Stückchen weg von ihm. Er gibt auf. Meine Argumente werde ich ihm nach dem Frühstück aufzählen. Die billige Versöhnung mittels Sex akzeptiere ich nicht mehr. Als ich am nächsten Morgen aufwache, ist sein Bett leer. Er sei Frühstückssemmel einkaufen gegangen, melden mir die Kinder. Am Tisch herrscht eine gute Stimmung. Die Kinder genießen die Fürsorge ihres Vaters. Er hat jedem von uns seine Lieblingssemmel mitgebracht. Offensichtlich möchte er seine Frechheit wiedergutmachen. Falsch vermutet! Mit frohem Gesicht kündigt er an, heute eine Wanderung zum Rosengarten zu machen, da heute eine gute Sicht sei und kein Regen angesagt wäre. Und das, ohne es mit mir abgestimmt zu haben! Schon wieder eine bodenlose Diktatur! Meine Bereitschaft zum Gespräch ist vorbei. An der Wanderung nehme ich nicht teil. Meine gute Ausrede sind Bauchschmerzen. Es stimmt wirklich: Mein Mann, der Macho, liegt mir im Magen. Mir ist zum Kotzen zumute.

So verlief der ganze Urlaub, und so geht es uns noch im-

mer. Inzwischen leidet auch meine Tochter an Bauch-
schmerzen. Und unser Sohn hat Aufmerksamkeitsstörungen
in der Schule. Was soll ich tun? Eine Scheidung halte ich
nicht für ausgeschlossen. Letzten Endes verdiene ich als Leh-
rerin genug Geld, um unabhängig von meinem Mann zu
sein. Aber irgendwie liebe ich ihn immer noch ein bisschen.«

Bedarf es eines Kommentars? Trotzdem, wir wollen die ty-
pischen Verhaltensweisen (»Fehler«) dieses Paares auflisten:

- Jens fühlt sich in Anne nicht ein. Anne straft ihn mit Liebesentzug.
- Der Konflikt wird nicht vor dem Sonnenuntergang be-
reinigt, das Paar versöhnt sich nicht. (Die psychosomati-
schen Folgen sind Schlafstörung und Bauchschmerzen.)
- Der eine Partner meinte, über die Sexualität eine Lösung
des Konflikts herbeiführen zu können und merkt nicht,
dass es der falsche Weg ist.
- In den Vordergrund wird das Negative gestellt, nicht das
Positive. (Warum kann Anne nicht auch die Fürsorge ihres Mannes sehen und zulassen – er holt Semmeln – und
sich an ihr erfreuen, um ihn zu gewinnen?)
- Anne kann sich noch nicht mit dem Selbstwertgefühl und
der Großzügigkeit einer erwachsenen Frau verhalten: Sie
muss ihren Widerstand demonstrativ ausleben, weil sie
noch durch ihr kindliches Nachholbedürfnis blockiert
ist. Sie handelt wie eine Pubertierende, die unbedingt anders sein will als ihre Eltern. Das steht ihr im Weg, und sie
kann nicht erwachsen werden.
- Die Kinder sind in das ungelöste Problem mit einbezogen und leiden darunter.

Ich habe Anne die Worte des Paulus aus dem 1. Brief an die
Korinther geschickt: Ich wollte sie darauf hinweisen, was
die großzügige Liebe eines Erwachsenen bedeutet und was

sie vermag. Für mich war auch sofort klar, dass Anne sich nicht nur mit ihrem Mann versöhnen muss, sondern auch mit ihren Eltern, um sich von ihnen loszulösen.

»Die Liebe ist langmütig,
gütig ist die Liebe.
Sie ereifert sich nicht,
sie prahlt nicht,
sie bläht sich nicht auf,
sie ist nicht schamlos,
sie sucht nicht das Ihre,
sie lässt sich nicht reizen,
sie rechnet das Böse nicht auf.
Sie freut sich nicht über das Unrecht,
sie freut sich mit an der Wahrheit.
Alles trägt sie,
alles glaubt sie,
alles hofft sie,
allem hält sie stand.
Die Liebe hört niemals auf.«

Ich habe Anne angeboten, an einem Kurs der »Schule der Liebe in der Familie« teilzunehmen. Ich schlug ihr vor, auch ihren Mann dafür zu gewinnen (es ihm aber nicht zu befehlen!); möglicherweise kann er sich auch irgendeine Blockierung aus Kindertagen bewusst machen. Denn uns allen ist bekannt, an einer Scheidung tragen meist beide Schuld.

Anne und Jens sind eines Tages tatsächlich in meinem Kurs aufgetaucht.

An diesem Fall will ich den Prozess der Versöhnung dokumentieren. Es ist einer von vielen Fällen, der die Konfliktunfähigkeit von Paaren in der Ehe bestätigt.

Nachdem ich die Geschichte von Anne gelesen hatte, habe ich sie mit ihrem Mann in meine Sprechstunde eingeladen.

Es leuchtete mir ein, dass eine Paartherapie nicht fruchten kann, solange ihr Mann sie an das herrische Verhalten ihres Vaters erinnert und sie sich wie ein Abbild ihrer Mutter vorkommt, die nach kurzem schwachen Widerstand immer dem Macho unterlag. Sie hätte die Aussöhnung mit beiden Eltern gebraucht. Doch maßgebend für ihr heutiges Verhalten in ihrer Ehe war die väterliche Übertragung auf ihren Mann. In den Erinnerungen an ihre Kindheit hatte sie sich ausgeblendet. Ihre Angst war zu groß. Sie schwieg als Kind. Sie schweigt als Frau. Mit ihrem Schweigen bestraft sie heute nicht ihren Vater, sondern ihren Mann. Doch warum soll er für seinen Schwiegervater büßen? Sie muss sich ihrem Vater stellen und es muss ihr gelingen, Vater und Mann auseinanderzuhalten.

Damit ich Anne auf dem Weg in ihre Kindheit begleiten kann, um in ihr Bilder aus jener Zeit entstehen zu lassen, fragte ich sie, wo, wie und mit wem sie aufgewachsen ist. Sie erzählte mir die Geschichte einer ganz normalen Familie. Beide Eltern waren Lehrer. Die Mutter war emotional labil, weitgehend gar nicht präsent; der Vater gütiger als die Mutter, aber cholerisch und unberechenbar. Beide waren evangelisch, aber keine Kirchgänger. Politisch hielten sie sich immer in der Mitte. Für die größte Leistung ihres Lebens hielten sie ihr Familienhäuschen mit Obst- und Blumengarten. Anne war ein Einzelkind, doch ein ziemlich streng erzogenes. Weitere Kinder wollten die Eltern nicht haben. Als Studentin wurde Annes Mutter von einem Kollegen geschwängert. Aus Angst vor ihren Eltern hat sie das Kind abgetrieben. Annes Geburt war äußerst schwer. Die Mutter betrachtete sie als Strafe. Ich habe Anne ans Herz gelegt, sobald wie möglich auch die Versöhnung mit ihrer Mutter anzustreben. Der Aussöhnung mit dem Vater gaben wir aus den bereits genannten Gründen Vorrang.

Als Anker wählte Anne ihr Amulett. Ein geflochtenes

Freundschaftsarmband, das sie von ihrem Geigenlehrer vor Jahren bekommen hatte. Ich klärte sie über den Verlauf der drei Schritte auf und versprach, den Prozess erst dann abzuschließen, wenn die Versöhnung vollzogen sei und die Liebe fließen würde. Und sollte die Liebe nicht zu erreichen sein, sollte Anne mindestens die Achtung für den Vater erlangen. Anne war einverstanden. Auf meine Bitte legte sie allen Schmuck (wie Ohrringe und Halskette) ab, der ihren Mann, der sie festhielt, eventuell drücken könnten, und legte sich auf die Matte. Sie ließ sich von Jens umarmen und schloss die Augen. Ich führte sie durch bewusstes Atmen und Wahrnehmen ihres Körpers in einen entspannten Zustand und leitete den ersten Schritt ein.

Der erste Schritt: Rückreise in die Kindheit
»Anne, spür mit deinen Händen dein Herz. Wie sieht es aus?«

»Ausgeblichen. Etwas rosig. Nur hier und da – als ob Wachs darüber wäre.«

»Hörst du es schlagen?«

»Oh ja! Aber nur innen. Da ist Leben. Schnelle, leise Schläge. Wie wenn Kinder auf den Treppen tippeln.«

»Kannst du dir vorstellen, dass du in dein Herz hinein gehst? Dass du es mit deinen Kinderaugen anschaust. Dort, wo du zu Hause warst. In dem Häuschen, das deine Eltern gebaut haben. Und dann schaust du, wer dort mit seinen Kinderfüßchen auf den Treppen herumtippelt …«

»Das bin ich selber. Ich springe die Treppen hoch und runter. Das macht mir Spaß. Weil ich niemandem zum Spielen habe.«

»Wie alt bist du? Was hast du an?«

»Sieben oder acht Jahre alt. Ich habe ein blaues Faltenröckchen an. Und trage eine geblümte Bluse sowie weiße Kniestrümpfe und weiße Schuhe mit kleinen Absätzen. Die

trage ich so gerne! In ihnen sehe ich wie ein kleines Fräulein aus.«

»Wo ist deine Mama? Und wo ist dein Papa?«

»Mama kann nicht mit mir spielen. Und Papa ist bei einer Versammlung. Die Leute brauchen ihn dort. Aber ich brauche ihn auch. Und er kommt nicht.«

»Das tut dir weh. Weißt du was, geh in das Haus hinein oder in den Garten und such den Platz, wo dein Schmerz am größten war. So groß, dass du ihn schwer aushalten konntest und deswegen auf den Treppen hinauf und hinunter springst.« (Auf meinen Hinweis macht Anne die Haustüre auf und schaut die einzelnen Räume an – auch die Küche, wo sie am Esstisch zwischen den Eltern saß und der Vater ihr Schnitzel in kleine Häppchen schnitt. Sie geht auch ins Bad und ins Wohnzimmer, wo sie meist allein vor dem Bildschirm sitzt und mit einem Ohr horcht, wann der Papa endlich nach Hause kommt. Dabei stört sie ihre Mama beim Telefonieren. Sie spricht unendlich und schimpft über den Papa. Das tut Anne unheimlich weh. Die Angst vor dem Krach verschnürt ihr die Kehle. Dann muss sie ins Bett. Hier bekommt die Angst gespenstische Ausmaße. Jedes leise Geräusch kündigt ihr den Kriegsbeginn an. Die Eltern schreien sich an, bespucken und schlagen sich. Am Ende töten sie sich. Oh lieber Gott, lass es nicht zu! Was werde ich ohne den Papa und ohne die Mama ganz allein in dieser bösen Welt tun? Möge der Papa lieber zu mir ins Bett kommen und angekuschelt an mich ruhig einschlafen.«

Lauter Albträume, die sich jedes Wochenende in der Vorstellung des Kindes wiederholen. Doch eines Tages werden sie Wirklichkeit. Der Vater macht die Türe ganz leise auf, aber es gelingt ihm nicht: Die Mutter hört ihn und fängt an, laut zu lamentieren. Sie droht ihm, sich aufzuhängen. Anne hört in ihrem Zimmer, wie die Eltern schreiend vom Flur ins Schlafzimmer gehen, sich mit bösen Worten beschimpfen. Vielleicht schlagen sie sich? Und dann kehrt plötzlich Stille ein, nur ab und zu unterbrochen von bedrohlichen Geräuschen. Anne hört Stöhnen. »Oh Gott, die Mama stirbt!« Ich muss sie retten. Anne öffnet die Tür des elterlichen Schlafzimmers, schreit ihren Vater an und schlägt mit ihren Fäustchen auf seinen nackten Körper ein. Und er – oh Schreck – wird zum schrecklichsten Albtraum. Er dreht sich um, schreit das Kind an, ganz rot im Gesicht, steht auf, zum Monster entstellt, und treibt Anne mit bösen Handgriffen in ihr Bett und verpasst ihr dort Schläge auf den Hintern. Anne weint verzweifelt.)

»Du konntest ihm damals nicht sagen, wie er dich verletzt hat.«

»Natürlich nicht. Das war ein Schock. Die Angst vor seiner Unberechenbarkeit hat mir den Hals zugeschnürt. Die Angst überdauerte auch, als ich begriff, dass ich ihn inmitten seines sexuellen Genusses mit meinem Verhalten gestört hatte.«

»Bis heute ist diese Episode unverarbeitet. Statt mit Sexualität Freude zu assoziieren, verbindest du sie mit Angst und Wut. Und die Wut lässt du deinen Mann spüren, wenn er sich bemüht, die Anspannung zwischen euch mit körperlicher Nähe aufzulockern. Erlaube dir, dein Entsetzen an die richtige Adresse zu schicken! Stell dir die letzte Szene vor, wo dein Vater dir den Hintern versohlt, und konfrontiere dich mit ihm! Damit du auf gleicher Augenhöhe mit ihm bist, stellst du dich auf dein Bett und lässt ihn auf dem Boden stehen. Traust du dir das zu?«

»Nicht ganz.«

»Welche starke Person soll ich hinter dich stellen, damit du es dir erlaubst und mutig wirst? Deine Oma? Deinen Schutzengel? Oder den deines Vaters? Oder Maria Montessori?«

»Maria Montessori wäre mir am liebsten. Hinter ihr steht doch die ganze Welt.«

»Du stehst also auf deinem Bett, Maria Montessori hast du im Rücken, sie unterstützt dich. Dir gegenüber steht dein Vater. Sag ihm, was du auf der Seele hast!«

»Papa, du tust mir weh. Unheimlich weh. Ich habe dich so geliebt, Papa, und liebe dich immer noch. Ich habe dich gestreichelt, wenn du traurig warst. Ich hätte dir das Blaue vom Himmel heruntergeholt, nur damit du glücklich bist. Ich war nur für dich da. Das hast du genossen. Damals aber ... Damals hast du mich als Kind ganz schlecht behandelt. Du hast mich verraten, mich im Stich gelassen. Deine Unberechenbarkeit hasse ich. Deine Schläge hasse ich. Deine bösen Augen hasse ich.«

Damit Anne die Schwere ihres Schicksals wahrnimmt, habe ich sie nicht nur das Gewicht ihres Mannes spüren lassen, sondern mich zudem mit meinem Gewicht an ihn gelehnt, und Anne aufgefordert: »Bäum dich auf, Anne, mit deiner ganzen Kraft! Spür den Schmerz, den du so viele Jahre in deinem Herzen trägst! Und spür deine Galle, deinen Magen, wo die ganzen Jahre über dein Ärger gelandet ist! Schrei den Schmerz raus! Spuck ihn aus!«

Wie eine angestaute Lava aus dem Vulkan brach der Schmerz aus Anne heraus. Sie schrie laut und wortlos. Lange. Allmählich beruhigte sie sich und es flossen Tränen der Trauer.

»Oh ich liebe dich immer noch, Papa, du hast es bis heute so schwer. Es tut aber immer noch weh, dass ich das Vertrauen verloren habe. Warum bloß, warum?

Der zweite Schritt: Das Bild von der Kindheit des Vaters
Im Gespräch erfuhr ich, dass der Vater das letzte und unerwünschte von sechs Kindern einer Bauernfamilie war. Seine Frühgeburt im siebenten Monat geschah als Folge eines Schocks, den seine Mutter erlitten hatte, als sie vom töd-

lichen Unfall ihres Mannes erfuhr. Nach zwei Monaten im Brutkasten konnte das Kind an die Mutter nicht andocken. Und die gestresste Mutter hatte nicht die Kraft, um das stets schreiende Kind an sich zu binden. Der Säugling wurde von den Großeltern übernommen. Hier fand er eine liebevolle Bindung. Mit sechs Jahren wurde der Junge eingeschult; die Schule war in der Nähe seines Elternhauses, sodass er zur Mutter zurückziehen musste. Doch fühlte er sich dort nicht zu Hause. Tagtäglich lief er 4 km zu den Großeltern, um mindestens für zwei Stunden das zu bekommen, was er brauchte – Liebe. Als dann die Großmutter verwitwet ins Altenheim umziehen musste, war er auf sich selbst gestellt. Er hatte niemanden mehr zum Kuscheln, nur noch seine Schwester. Sie ließ es zu, dass er in ihr Bett kroch, kuschelte mit ihm aber nur halbherzig. Wenn er onanierte, lachte sie ihn aus.

Mit geschlossenen Augen sah Anne das Bild eines schmächtigen und traurigen kleinen Jungen in seinem Bett. Er kann vor Angst nicht einschlafen. Es ist ganz dunkel, die Mondsichel erleuchtet das Bett seiner Schwester. Er möchte hin, aber er traut sich nicht und zittert. Anne versteht plötzlich.

»Eigentlich war er schon immer so. Wenn er sich an mich kuschelte, wurde er alsbald so komisch unruhig, brach die Zärtlichkeiten ab und ging weg. Später begriff ich, dass er uns beide vor einem Inzest schützte. So ähnlich machte er es auch mit meiner Mutter. Da war er aber ein Mann und stark genug. Er wusste, dass er sich mit seinem sexuellen Begehren durchsetzen kann. Jetzt, da ich selber erwachsen bin, verstehe ich es.«

»Kannst du jetzt auch verstehen, dass du damals als Kind eine völlig verzerrte Vorstellung vom Ausklang eurer Zärtlichkeiten hattest. Das Schmusen hast du einerseits mit dem Vorsatz, helfen und trösten zu wollen, verbunden. Andererseits hast du aber unter einer komischen Angst (auch vor Strafe) und dem Gefühl des Verrats gelitten. Diese negativen Effekte hast du in deine eigene Sexualität als Erwachsene transportiert. Leuchtet es dir ein, Anne?«

Annes Antwort musste ich nicht hören, ich las sie von ihrem strahlenden Gesicht ab: »Erst jetzt müsstest du heiraten, liebe Anne, weil du dir erst jetzt als Erwachsene das Wesentliche angeschaut hast. Zunächst aber solltest du die Versöhnung mit deinem Papa vollziehen. Wo versöhnt ihr euch?«

Der dritte Schritt: Die Versöhnung mit dem Vater
Anne wollte ihren Vater im Himmel besuchen. Sie möchte ihren Schutzengel dabei haben. Doch das sei nicht genug, auch Maria Montessori müsse mit. Die Beschützer nahmen Anne in die Mitte und legten dann los. Von der Zugspitze. Bis dorthin ging's mit dem gewöhnlichen Lift hoch. Ab da schwebten sie durch die Stratosphäre und an den Galaxien entlang. Am Himmelstor angekommen, sah Anne ihren Vater. Er wartete schon auf sie, seinen Augapfel. Sein Ein-und-Alles.

»Mein allerliebster Papa, setz dich auf die Bank hier hin. Ich lege meinen Kopf auf deinen Schoß und sage dir, dass ich dich über alles geliebt habe. Du warst und bist der Wichtigste für mich. Aber mit meiner Liebe ging auch ein großer Schmerz einher. Ich zweifelte an deiner Glaubwürdigkeit. Als ich aber erwachsen wurde, verstand ich, worin mein Missverständnis bestand. Ich danke Dir, dass du mein Kindsein berücksichtigt hast. Immerhin habe ich die Verwirrung bis in meine Ehe getragen. Das aber ist nicht deine Schuld. Du hast nicht wissen können, wie es mir geht, weil ich nicht in der Lage war, es zu äußern. Du sollst wissen, dass ich es dir nicht übel nehme. Ich danke dir für mein Leben und für deine Sorge um mich. Du bleibst für immer in meinem Herzen.«

Anne machte die Augen auf. Sie suchte Jens' Blick. Er strahlte, als hätte er sie neu gefunden, und küsste zärtlich ihre Stirn.

»*Du liebst mich trotzdem?*« fragte sie.

»*Noch mehr als je zuvor*«, antwortete er. »*Das habe ich nicht gewusst. Ich habe unendlich lange gerätselt, was mit dir los ist. Auch hatte ich Angst, ob du mir vielleicht nicht fremdgehst. Ich selber habe mich als Mann infrage gestellt. Jetzt verstehe ich dich.*«

»*Ich liebe dich, Jens. Nur dich.*«

An dieser Stelle musste ich mich in diese rührende Begegnung einmischen: »Liebe Anne, es stimmt nicht ganz. Du liebst auch noch deinen Vater. Zeitweise hast du die beiden miteinander vermischt und dich verhalten, als wäre Jens dein Vater. Das hat dich unfrei für die Liebe gemacht. Schließ nochmals die Augen und stell dir deinen Vater vor. Wie sah er aus? Hast du mal seine Schulter angeschaut und betastet?«

»*Und ob! Eigentlich hatte er ganz weiche Muskeln. Er war völlig unsportlich.*«

»Betaste die Muskeln deines Jens. Sind sie so wie die deines Vaters?«

»*Ach wo!*« Anne streichelte die Arme von Jens drückte sie mit Genuss. »*Mein Jens hat ganz durchtrainierte Arme …*«

»*Auf denen ich Dich so oft getragen habe*«, ergänzte Jens.

»Welche Haare hatte dein Vater damals?«

»*Dünne, graue, er hatte fast schon eine Glatze.*«

»Schau die Haare von deinem Jens an, Anne. Wie sehen die Haare aus?«

»*Mein Jens ist blond und hat Locken.*«

Mit großer Freude wühlte Anne die Lockenpracht ihres Mannes durch.

»Wonach duftete und roch dein Vater?«

»Seinen Geruch habe ich noch in der Nase. Wenn er abends nach Hause kam, so roch er nach Schweiß, Tabak und Bier.«

»Wonach riecht Jens?«

Angekuschelt an die Halskuhle von Jens, genoss Anne ihren Mann und sagte: *»Wonach Jens riecht? Nach sich selber, nach seinem Shampoo ...«* Und dann küsste sie seinen Hals.

»Wer ist er also – dein Vater oder dein Jens?«

»Mein Jens. Nur mein Jens. Meine große Liebe.«

Die Liebe, die bis dahin in verwirrender Verstrickung vegetierte, blühte wieder auf.

Die ganze Familie gewinnen!

Die Überschrift ist ganz bewusst mit einem Ausrufezeichen versehen. Wenn nicht alle mitmachen, ist der neue Lebensstil undurchführbar. Es reicht ein einziges Mitglied, das sich dem Prozess verweigert, und die Veränderung kann sich nicht einstellen, weil keine lückenlose Vernetzung gegeben ist. Die Familie ist wie ein Netz: Jeder Knoten hat seine Bedeutung. Wird ein Knoten herausgerissen, entsteht ein Loch – das Netz ist nicht mehr zu gebrauchen.

In einer Familie halten sich alle Mitglieder an bestimmte Regeln des Zusammenlebens; jeder Einzelne fühlt sich entsprechend für das Ganze verantwortlich. So etwa wie die Teilnehmer am Straßenverkehr: Vom Porschefahrer bis zum Fußgänger halten alle die gleichen Verkehrsregeln ein, damit sich jeder Einzelne relativ frei und sicher bewegen kann.

Nach bisherigen Erfahrungen ist es leider meist der Vater, der sich nicht anschließt. Meist wurde sein Widerstand durch die ungeschickten Motivationsversuche seitens seiner

Frau oder/und Schwiegermutter hervorgerufen. Die Befehlsform (»Du musst mitmachen!«) passt von vornherein nicht zu unserer Schule der Liebe: Was aus freiem Willen zugunsten der Liebe geschieht, ist am wertvollsten. Wenn die Frau allerdings mit ihrer weiblichen sozialen Ader ihren Mann liebevoll zu gewinnen versucht, wird er gewiss mitmachen. Alsbald erfährt er die Bestätigung seiner wichtigen Rolle in der Familie. Das tut ihm, der Ehe und der ganzen Familie gut.

Alleinstehende Mütter haben es nicht leicht. Sie können ihrem Kind nicht zeigen, wie sie und der ehemalige Partner und Vater sich gegenseitig helfen und emotional konfrontieren, bis die Liebe fließt. Eine Lösung können allerdings die Eltern der Frau oder ihre stabilen, sehr nahen Freunde ermöglichen, indem sie ersatzweise ein Vorbild des neuen Lebensstils sind. Sie sind für das Kind einer alleinerziehenden Frau sehr wichtig, denn dem Kind entgeht nichts: Es beobachtet immer, wie die »Großen« aus seiner Umgebung mit ihren Beziehungsproblemen umgehen.

Ideal wäre es, wenn sich die Großeltern mütterlicher- und väterlicherseits anschließen könnten. Aus unserer Erfahrung machen bei einer alleinerziehenden Mutter leider immer nur die eigenen Eltern mit, nicht die Eltern des geschiedenen Mannes. Sollten meine Leserinnen und Leser diesbezüglich andere Erfahrungen gemacht haben, bin ich dankbar, solche Meldungen zugeschickt zu bekommen.

In mehreren Fällen ist es gelungen, die Großeltern (die Eltern der alleinstehenden Mutter) oder zumindest die Großmutter zum Mitmachen zu veranlassen. Doch selbst in diesen Fällen, in denen die Großelterngeneration unterstützend wirken möchte, muss der fortschreitenden Demenz vieler alter Menschen Rechnung getragen werden. Viele sind nicht mehr in der Lage, den neuen Lebensstil aktiv mitzugestalten – vor allem die emotionale Konfrontation bereitet ihnen Schwierigkeiten. Das, was für eine emotionale Konfrontation notwendig ist, fehlt ihnen: gutes Gedächtnis, aktives Zuhören, Sprachvermögen und die Fähigkeit zum kombinierenden Denken, emotionale Intelligenz. Wenn man sie fragt: »Wie wirst du reagieren, wenn ich dir sage, dass …«, können sie nicht antworten, die Vorstellungskraft fehlt ihnen. Umso mehr brauchen alte Menschen, die allmählich zu Kindern werden, Empathie, Geduld und zärtliche Liebe – und zwar in demselben Ausmaß wie ein kleines Kind. Die wirksamste Kommunikation ist das Spiegeln und das Streicheln.

Vergleichbare Einschränkungen haben auch kleine Kinder bis zum vierten Lebensjahr. Um in der Schule der Liebe mitmachen zu können, ist das erwachende Bewusstsein für die eigene Identität, die Entwicklung eines Ichs, entscheidend. Logischerweise gilt dieser Maßstab auch für geistig behinderte Menschen. Je nach geistiger Behinderung, die man – sollte man unsicher sein – auch bei einem Psychologen testen kann, wird ein Kind ab dem vierten Lebensjahr mitmachen oder erst später hinzugezogen.

Wie führt man den neuen Lebensstil ein?

Wie die Rückmeldungen aus unserer Praxis in den letzten drei Jahren zeigen, ist für die Schule der Liebe der Weg der einfachste, der beim Ehepaar ansetzt: Beide erfahren gemeinsam von der neuen Möglichkeit der Erneuerung der Liebe und stimmen gemeinsam zu. Leider kommt das sehr selten vor. Die Informationen über Hilfe bei Ehe- oder Erziehungsproblemen holen sich meist die Frauen. Der häufigste Weg zur Schule der Liebe beginnt bei der Frau. Sie erfährt vom neuen Lebensstil, liest darüber und fängt an, sich selbst darin zu üben. Sie hält sich an die Grundsätze der Schule der Liebe: Sie hört auf damit, die Kinder oder ihren Mann mit Liebesentzug zu bestrafen, sie verzichtet auf Ohrfeigen, sie läuft inmitten eines Streites nicht weg, sie stellt sich dem Konflikt und gibt sich Mühe, ihn vor Sonnenuntergang zu lösen. Spürt sie die Wirkung – die Harmonie in ihrem Herzen und in ihrer Familie –, inspiriert sie ihren Mann zum Mitmachen. Zwischenzeitlich hat er die wohltuende Art des neuen Lebensstiles auch zu spüren bekommen und ist von ihm überzeugt.

Wenn dem so ist, rufen die Eltern ihre Kinder zu einer Familienkonferenz zusammen, um sie über den neuen Lebensstil aufzuklären. Eine überraschend leichte Aufgabe, wie sich in allen Fällen gezeigt hat. Das Angebot leuchtet den Kindern sofort ein und es scheint ihnen einfach, es umzusetzen. Schwerer als Kinder tun sich manche Erwachsene, die anders erzogen worden sind und die alte Zwänge nur sehr schwer abwerfen können; ihr kritischer Verstand oder ihr intellektueller Widerstand verhindern, dass sie über ihren Schatten springen. Was ihnen am schwierigsten erscheint: den instinktiven Drang zum Angriff und zur Flucht aufzugeben. Leider ist dieser Drang sogar durch erzieherische Ideologien »legalisiert« worden und treibt bis heute überall sein Unwesen.

Die Kinder nehmen das Angebot, einen neuen Lebensstil in der Familie mit zu unterstützen, offenen Herzens an. Denn seine Botschaft ist so kinderfreundlich und froh, dass die Kinder – nicht einmal die Pubertierenden – keinen Widerstand leisten wollen.

Im Klartext klingt die Mitteilung so: »Kinder, bis jetzt haben wir Euch mit einer Auszeit (indem wir euch beispielsweise auf euer Zimmer geschickt haben) oder auch mit einem Klaps bestraft. Auch habt ihr miterlebt, dass wir Eltern nicht aufeinander zugegangen sind, wenn wir einen

Konflikt hatten. Wir haben unseren Streit abgebrochen, ohne den Konflikt gelöst zu haben, und jeder von uns ist in sein Arbeitszimmer geflüchtet, hat den Kontakt zum anderen abgebrochen und mit ihm tagelang nicht gesprochen. Das war für uns alle schlimm. – Wir haben nun endlich begriffen, dass wir uns nicht wie Menschen, sondern wie Krokodile verhalten haben: Wenn diese einen Krach haben, bekämpfen sie sich mit Schlägen und Bissen und entfernen sich dann voneinander. Mehr können Krokodile nicht. Sie haben ein ganz winziges Gehirn. *(Es empfiehlt sich, kleinen Kindern das Bild eines Krokodils oder noch besser ein Stoffkrokodil zu zeigen.)* Und in diesem winzigen Gehirn sind beim Auftauchen eines Konflikts für Krokodile nur zwei Wege vorgesehen: Angriff und Flucht.

Wir Menschen sind aber keine Krokodile. Wir wollen uns versöhnen und in Liebe zusammenbleiben. Zwar tragen wir wie die Tiere die Neigung zum Angriff und zur Flucht in uns. Aber wir haben in unserem großen Gehirn noch mehr: die Einfühlung, das Denken und die Sprache. Unsere Augen sind weise. Sie sind Fenster, durch die wir in die Seele eines anderen Menschen sehen können. Ich schaue in deine Augen und kann mich in dich einfühlen. Und du schaust in meine Augen und kannst dich in mich einfühlen. Wir werden die uns zur Verfügung stehenden Worte verwenden, um uns zu versöhnen. Ab heute wollen wir uns wie Menschen verhalten. Jeden Krach, den wir miteinander haben, wollen wir verarbeiten und in Liebe verwandeln, noch bevor die Sonne untergeht.«

Die Eltern klären die Kinder über die emotionale Konfrontation auf, am besten so, wie sie diese bereits miteinander durchlebt haben. Es empfiehlt sich mit einer Situation anzufangen, die den Kindern bekannt ist: »Fast jeden Abend hat sich bei uns der gleiche Krach wiederholt. Papa kam von der Arbeit nach Hause, verkroch sich in seine Werkstatt und setzte sich vor seinen Computer. Mama schimpfte ihn deswegen kurz aus, dann aber knallte sie die Tür zu, schaltete den Fernseher ein und sah ihre Lieblingsfernsehserie. Den ganzen Abend sowie am nächsten Morgen haben wir uns so verhalten, als wären wir einander völlig fremd. Wie die Krokodile. Jeder von uns war jedoch tief in seinem Herzen traurig. – Jetzt wollen wir es so machen, wie die Menschen es immer tun sollten. Wenn einer von uns sich verletzt fühlt, dann fordert er den anderen zur Konfrontation von Angesicht zu Angesicht auf. Jeder sagt, warum er sich verletzt fühlt, damit der andere sich in ihn einfühlen und ihn verstehen kann. Wenn das nicht leichtfällt, dann halten wir uns an den Händen. Und wenn der Schmerz noch größer ist, ja, wenn er so groß ist, dass uns die Worte dafür fehlen, dann nehmen wir uns in den Arm. Und wir gehen erst dann auseinander und jeder auf sein Zimmer, wenn die Liebe wieder fließt.«

Nach der theoretischen Erklärung folgt eine praktische Vorführung durch die Eltern. Die Mutter fordert den Vater zur Konfrontation auf. Sie stehen sich von Angesicht zu Angesicht gegenüber.

Sie: »Peter, ich mag dich sehr und freue mich immer sehr, wenn wir nach erledigten Haushaltspflichten den Abend zusammen genießen können. Ich bin aber tief verletzt und fühle mich total abgelehnt, wenn du dann deinem Computer den Vorrang gibst.« Der Mann fühlt sich ein und reagiert: »Ich habe dein Verhalten anders gedeutet: dass du böse auf mich bist. Ich habe nicht gewusst, dass du so tief traurig warst. Deine Trauer hast du mir nicht gezeigt. Mir ging es eigentlich ähnlich wie dir. Ich habe mich auf den Abend mit dir sehr gefreut. Als wir aber zusammen unsere Buchhaltung gemacht haben, fühlte ich mich von dir kleingemacht: Du hast mich wie ein Kind getadelt, dass ich dies oder jenes vergessen habe. Mich packte eine solche Wut, dass ich lieber zum Computer abgehauen bin.« – »Schade, dass du mir deinen Ärger nicht gleich gezeigt hast. Es tut mir sehr leid, dass ich dich so behandelt habe.« – »Mir auch. Nächstes Mal teile ich dir meine Gefühle gleich mit, damit du dich in mich einfühlen kannst.« – »Und ich auch. Dann genießen wir zusammen einen schönen Abend. Und unsere Kinder werden sich mit uns freuen.«

Den Kindern wird mitgeteilt, dass sie das gleiche Recht auf eine emotionale Konfrontation haben wie die Eltern, sollten sie in einem Konflikt mit einem Familienmitglied stehen. Allerdings gelten dabei die Regeln, nach denen die Konfrontation zu verlaufen hat: Grundsätzlich gilt, dass jede Konfrontation mit der Versöhnung, möglichst mit dem erneuerten Fluss der Liebe endet. Die Auseinandersetzung muss nicht sofort stattfinden. Der Betroffene kann sich gerne einen Tag lang Gedanken über die geeigneten Worte für seine Konfrontation machen, um mit unüberlegten, impulsiven Reaktionen den Konflikt nicht unnötig zu verschlimmern.

Es wurde mir schon sehr oft berichtet, dass Kinder die aufrichtigen Ausführungen sowie die anschließende konkrete Vorführung der Eltern mit Applaus angenommen haben. Aber auch mit stiller Rührung. In jedem Falle bewegt sie die Essenz der Liebe – die Bedingungslosigkeit.

III. Unnötigen Konflikten vorbeugen

Die systemische Ordnung in der Familie

Der gemeinsame Nenner aller unnötigen Konflikte ist, dass sie jedes Bestreben um ein gutes Zusammenleben in der Familie im Keim ersticken. So als gäbe es keinen Fluss, sondern nur noch eine übermächtige Stromschnelle, welche die Liebe mitreißt und sie dabei völlig vernichtet.

Die Zugehörigkeit zur Familie ist das Recht eines jeden Familienmitglieds. Im Kreis der Familie kommt jedem eine bestimmte Stellung zu, die von jedem Familienmitglied anerkannt werden muss. Die Ordnungen im System der Familie sind einzuhalten.

Die Eltern als Paar

Durch die Verbindung zwischen Mann und Frau entsteht das erste System. Wenn die beiden heiraten, »zu einem Leib und einer Seele« werden, gehört ihnen als Paar und später als Eltern der erste Platz in der Familie. In unserem Kulturkreis gibt es innerhalb dieses Paares keine Hierarchie. Keinem von beiden kommt eine untergeordnete Rolle zu, keiner darf benachteiligt werden. Sie haben beide zusammen dieselbe Position inne, aber auch jeder für sich allein. Jeder ist »der Erste« – und muss vom anderen als Erster geachtet werden. Dies geschieht in gegenseitigem Einvernehmen liebe- und respektvoll: Der Mann räumt der Frau die erste Stelle in seinem Leben ein und die Frau dem Mann. Durch diese Zuordnung bestätigen sie sich gegenseitig in ihrer geschlechtlichen Identität: Wenn der Mann seine Frau ihrer Weiblichkeit wegen bewundert, wird sie sich selbst und ihrem Mann zuliebe gerne eine Frau sein. Und wenn die Frau ihren Mann seiner Männlichkeit wegen bewundert, »dann wird er gerne zum Mann, der der Frau dient« (so Bert Hellinger, den ich in diesem Zusammenhang immer heranziehe, da ich ihm einige wesentliche Erkenntnisse, die systemische Ordnung betreffend, verdanke).

Mann und Frau verlassen ihre Ursprungsfamilien, um ein neues System zu gründen. Das neue hat Vorrang vor dem alten System. Das heißt der Mann verlässt seine Mutter und seinen Vater und gibt seiner Frau den Vorrang. Ebenso verlässt die Frau ihren Vater und ihre Mutter und gibt ihrem Mann den Vorrang.

Unnötige Konflikte können entstehen:

- wenn die Frau ihre Weiblichkeit nicht erkannt oder sie aufgegeben hat und sich über den Mann als General stellt;
- wenn der Mann seine Männlichkeit aufgibt, indem er die Erziehung der Kinder seiner Frau überlässt, männliche Aufgaben im Haushalt vernachlässigt, Befehle seiner Frau unhinterfragt ausführt, keine Meinung hat u. a.;
- wenn einer von beiden, Mann oder Frau, den ersten Platz in der Familie verloren hat oder ihn nie inne hatte und stattdessen ein Kind, die Schwiegermutter oder die Karriere diese exklusive Position einnimmt.

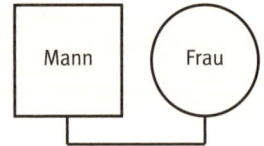

Schema der richtigen Ordnung Vater – Mutter

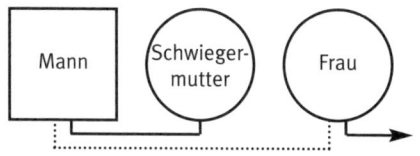

Schema Vater – Schwiegermutter – Frau

Eltern und Kinder

»Eure Kinder sind nicht eure Kinder. Sie sind die Söhne und Töchter der Sehnsucht des Lebens nach sich selber. Sie kommen durch euch, aber nicht von euch. Und obwohl sie mit euch sind, gehören sie euch doch nicht. Ihr dürft ihnen eure Liebe geben, aber nicht eure Gedanken, denn sie haben ihre eigenen Gedanken. Ihr dürft ihren Körpern ein Haus geben, aber nicht ihren Seelen. Denn ihre Seelen wohnen im Haus von morgen, das ihr nicht besuchen könnt ...«   *Khalil Gibran*

Eine Blume ist in der Erde verwurzelt – das ist ihr System. Ein Vogel entschlüpft einem Ei, das unter den Fittichen des Muttertiers in einem warmen Nest ausgebrütet wird – das ist sein System. Für ein Kind und dessen seelisches Wohlergehen zählen allein die Eltern (Vater und Mutter) – die Familie ist sein System.

Solange das Kind klein und schutzbedürftig ist, tragen die Eltern die volle Verantwortung für ihr Kind: Sie schützen es vor gefährlichen Einflüssen und bringen ihm die Liebe zu sich selbst wie zum Nächsten bei. Sie vermitteln ihm Bindung, Geborgenheit, Orientierung, Werte, Achtung gegenüber der Schöpfung, Einstellungen zum Leben, Selbstvertrauen und Vertrauen, Belastbarkeit, Disziplin, Durchsetzungskraft, Rücksicht, Durchhaltevermögen, Frustrationstoleranz, Kooperationsbereitschaft und Hilfsbereitschaft sowie gesunde Ernährung. Die Eltern sind groß und geben. Das Kind ist klein und nimmt. Schritt für Schritt lernt es auch, zu geben. Zuerst gibt es die Hand, dann einen Kuss. Allmählich gibt es auch seine Kraft – es fängt an, sich an Haushaltsarbeiten der Familie zu beteiligen, es möchte sich einbringen und mithelfen. Was jedoch auf keinen Fall passieren darf, ist, dass das Kind mit den Sorgen der Eltern belastet wird, dass es ihre Verantwortung zu tragen hat oder sich um die Eltern sorgen muss: Es würde das Kindsein, das natürlichste Fundament seiner Persönlichkeit, ein Leben lang missen. Schlicht und ergreifend: Das Kind hat das Recht, Kind zu sein, und der Erwachsene hat die Pflicht, als Erwachsener zu handeln. Erst wenn die Eltern altersschwach und dement werden, darf sich das Blatt wenden: Die erwachsenen Kinder können dann ihre hilfsbedürftigen Eltern unterstützen und für sie sorgen. Ihre Motivation sollte idealerweise nicht nur dem Pflichtgefühl entspringen, sondern vor allem der Liebe und Dankbarkeit.

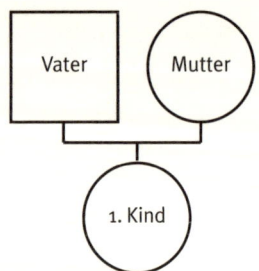

Schema: Vater – Mutter – Kind

Die Eltern klären das Kind über seine Position im Familiensystem auf: Dem Kind kommt der zweite Platz zu. Die Eltern behalten auch nach der Geburt eines Kindes den ersten Platz. Solange ihr Kind nicht in der Lage ist, diese Ordnung gedanklich nachzuvollziehen, kann es diese Ordnung nur intuitiv erfassen. Es wird sich allmählich das Bild der richtigen Ordnung einprägen. Gelegenheiten dazu gibt es genug: Die Eltern liegen im Ehebett und sitzen am Esstisch nebeneinander; sie gehen Hand in Hand spazieren usw. Das Kind nimmt meist den Platz neben der Mutter ein und – je größer es wird – auch den Platz neben dem Vater.

Natürlich gibt es Ausnahmen: Eltern nehmen manchmal ihr Baby in die Mitte des Ehebetts, weil es nicht durchschlafen kann oder krank ist und nach Zuwendung verlangt. Im Schweizer Volksmund wird das Baby in dieser Position als »Verhüterli« bezeichnet. Diese Metapher verweist zu Recht auf die Bedenken, die diese Position des Babys mit sich bringt: Auf Dauer kann sie die Ehe gefährden. Dessen müssen sich die Ehepartner bewusst sein. Das Durcheinanderbringen der systemischen Familienordnung darf nur ein Provisorium sein und sollte möglichst schnell aufgegeben werden.

Ähnliches geschieht am Esstisch, wenn das Baby auf dem Schoß der Mutter sitzt und von ihr gefüttert wird. Alle Tischgenossen merken, dass das Baby bei der Mutter momentan an erster Stelle steht. Aus biologischen Gründen stimmt das durchaus, jedoch nur für eine begrenzte Zeit – und das müssen alle Beteiligten wissen.

Die gewünschten Charaktereigenschaften lernt das Kind nicht auf Befehl, auch nicht, indem man ihm droht oder es bestraft. Das Kind lernt am Vorbild der Eltern, die es liebt und deshalb nachahmen möchte. Noch bevor die Eltern für die Eingliederung des Kindes in ihr weiteres Umfeld sorgen, leben sie ihm zunächst die wichtigsten sozialen Verhaltensweisen vor. Das Kind erlebt, wie die Eltern miteinander umgehen, wie sie die Liebe vor unnötigen Störungen (Unwahrheit, Beschimpfungen u. a.) schützen, wie sie ihre eigenen Eltern, die Großeltern des Kindes, achten, wie sie sich ineinander einfühlen, sich gegenseitig unterstützen, Rücksicht nehmen, Kompromisse schließen und bei Spannungen sich von Angesicht zu Angesicht konfrontieren und die Liebe immer wieder erneuern.

Das elterliche Vorbild umfasst alle Lebensbereiche und Lebenseinstellungen: wie tapfer man Probleme anpackt (das fängt schon mit der Spritze beim Arzt an oder mit der Unlust, Hausaufgaben zu machen), wie man Freundschaften und Hobbys außerhalb der Familie pflegt usw. Erfahrungen zeigen, dass auch die Spiritualität im Vorbild der Eltern verankert ist. Je nachdem, wie sie das Kind in seinem magischen Denken (bis zum 7. Lebensjahr) zum Glauben und zur Beziehung zu Gott heranführen, wird es später eine unmittelbare Beziehung zum Transzendenten haben.

Mit dem zunehmenden Verstand wird das Kind von den Eltern immer mehr Chancen bekommen, sich frei zu entscheiden. Nur so kann die Voraussetzung erfüllt werden, dass sich das Kind zu einer selbstständigen, souveränen Persönlichkeit entwickelt und sich im tiefen Einklang mit seiner facettenreichen Seele entfaltet. Denn lediglich ein austauschbares Abbild der Eltern zu werden, tut niemandem gut.

Die Zeit, in der das elterliche Vorbild eine Wirkung auf das Kind hat, ist begrenzt: Bereits ab dem 12. Lebensjahr fängt das pubertierende Kind an, sich von den Eltern loszulösen und orientiert sich weit mehr an seinen Altersgenossen. Hat das Kind bis dahin ein Bewusstsein für Werte entwickelt und den Respekt vor bestimmten Regeln des Zusammenseins verinnerlicht, so braucht man nicht zu befürchten, dass es sich auf Irrwegen verliert. Nach ganz normalen »Wachstumsschmerzen« wird es zum Erwachsenen und selbst ein eigenes Familiensystem aufbauen.

Bei geschiedenen Eltern hat das Kind eine Zwischenstellung inne. Es nimmt wahr, dass ihm die erste Stelle sowohl bei der Mutter als auch beim Vater zukommt. Diese Nähe ist nicht räumlich bedingt, sie wird von Vertrauen, Achtung und Unterstützung getragen. Sind die geschiedenen Eltern freundschaftlich und respektvoll auseinander gegangen und pflegen nach wie vor eine auf Achtung beruhende Beziehung (womöglich unter gemeinsamem Sorgerecht) wird das Kind keinen Schaden nehmen: Das Kind spürt, es wird von beiden Eltern geliebt und darf beide Elternteile gleichermaßen lieben; es behält in diesem Fall immer die erste Stelle vor der Stiefmutter (oder dem Stiefvater). Gefährlich ist eine Scheidung für das Wohlergehen eines Kindes dann, wenn es zwischen die elterlichen Fronten gerät und zwischen den Eltern ein endloser Krieg tobt.

Die erlösenden Sätze für ein Scheidungskind, die es aus dem Mund seiner Mutter hören sollte, lauten: »Ich danke deinem Vater für deine Zeugung. Du darfst so sein wie er. Wenn ich deine Gesichtszüge sehe und beobachte, dass du Fußball genauso gerne wie dein Papa spielst, liebe ich in Dir auch deinen Papa. Du wirst bei mir immer an erster Stelle stehen, somit auch den Vorrang vor deinem Stiefvater und den Kindern, die ich von ihm habe.« Und aus dem Munde des Vaters lauten die erlösenden Sätze: »Ich danke deiner Mutter, dass sie dich geboren hat und dass sie für dich so gut sorgt. Ich vertraue dich deiner Mutter gerne an und gönne dir, von ihr alles entgegenzunehmen, was sie dir gibt. Du behältst bei mir immer die erste Stelle und wirst Vorrang haben vor deiner Stiefmutter und meinen Kindern mit ihr.«

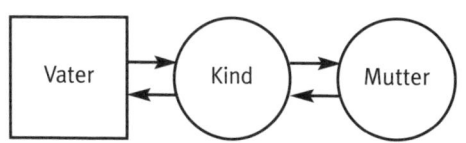

Schema der geschiedenen Familie

Wie entstehen hier unnötige Konflikte?

- Wenn die Eltern dem kleinen Kind vermitteln, dass es stärker als die Eltern ist. Der lebensuntüchtige »kleine Tyrann« ist die Folge davon.
- Wenn das Kind den fehlenden Ehemann seiner Mutter vertritt und somit zu ihrem Partner wird. So kommt es zum Beispiel häufig vor, dass ein Kind seine Mutter (oder den Vater) wegen ihrer (seiner) Depression übermäßig schonen, ja sogar bemuttern muss. Das Kind vertritt die Großmutter, die in so einem Fall einspringen müsste – treu liebend, wie es ist, tut das Kind alles, damit es der Mutter (dem Vater) gut geht. Doch entgeht ihm dabei die Chance, Kind zu sein. Als Erwachsener wird es in Beziehungen scheitern. Die fehlende Bemutterung sucht es später das ganze Leben lang bei seinen Partnern und beim eigenen Kind. Es gibt die Stafette an die nächste Generation weiter; ein Teufelskreis entsteht.
- Wenn die Eltern dem Kind ein schlechtes Vorbild sind und dem Kind keine klare Orientierung an Werten und Regeln mit auf den Weg geben.
- Wenn ein Elternteil das Kind daran hindert, den anderen Elternteil zu lieben und zu ehren.

Geschwister

In der Geschwisterreihe hat jedes Kind ein Recht auf seine Position – sie hängt von der Chronologie der Geburten ab, aber nicht vom Geschlecht, von der Begabung oder Behinderung oder davon, ob ein Kind lebt oder schon verstorben ist. Der Erstgeborene nimmt den ersten Platz ein, der Zweitgeborene den zweiten usw. In das Familiensystem gehört auch das Kind, das vor der Geburt im Mutterleib gestorben ist. Es darf nicht vergessen werden – es bekommt einen Namen, es wird beweint und beerdigt, auf diese Weise wird ihm die Position zugewiesen, die ihm zukommt. Falls das erste Kind verstorben ist, wird es trotzdem im Familienganzen immer als das erste Kind zählen, und das zweite Kind, das überleben konnte, bleibt an zweiter Stelle, obwohl es die Rolle des Erstgeborenen übernehmen muss. Die unehelichen Kinder gehören auch dazu. Viele Märchen, in denen die Positionen zwischen Geschwistern vertauscht werden, verweisen auf das Drama, das daraus entsteht, wenn man die gerechte Familienordnung nicht einhält (Beispiel: das Grimm'sche Märchen »Aschenputtel«). Verweigert man einem Kind sein Recht auf Zugehörigkeit zum Familiensystem, wird das Geschwisterkind, dem man den Sonnenplatz allein zugesprochen hat, trotzdem nicht glücklich, es wird ihm im Leben nicht wohl ergehen.

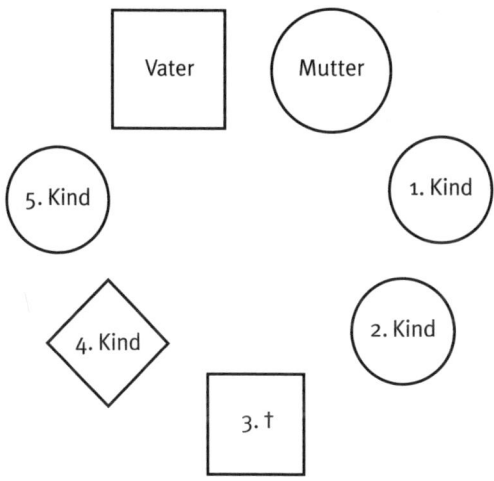

Schema der Geschwistergruppe
mit einem totgeborenen Kind

An welchen Merkmalen sollen die Kinder die Rangordnung erkennen? Diese Frage wird mir sehr oft gestellt. Nach der Liebe gewiss nicht, denn die Liebe ist meist blind. Beispielsweise kann es vorkommen, dass eine Mutter, die vier Mädchen geboren hat, den Jungen, der als fünfter zur Welt kam, ganz besonders liebt. Selbstverständlich fühlen sich die Mädchen benachteiligt.

Die Rangordnung braucht demnach eine gewisse Objektivität. Pflichten und Rechte sind am ehesten dazu geeignet, eine nachvollziehbare Orientierung zu gewähren. Der Älteste hat beispielsweise die Pflicht, in die Schule zu gehen, auf die jüngeren Geschwister aufzupassen oder das Geschirr aus der Spülmaschine auszuräumen; er hat dafür das Recht, abends später ins Bett zu gehen oder im Straßenverkehr allein Fahrrad zu fahren. Der Jüngere hat das Recht, am Esstisch auf Mutters Schoß zu sitzen, und das Recht, Windeln zu tragen.

Welche unnötigen Konflikte können hier entstehen?

- Wenn ein verstorbenes, uneheliches oder in Adoption gegebenes Kind verschwiegen oder ausgeladen wird, ist das Gewissen in der Familie belastet. Einer von den Familiennachkommen wird später an dieses Kind »erinnert«, indem er dessen Gefühle und sein Schicksal übernimmt.
- Wenn dem Erstgeborenen seine Stellung als Erster in der Geschwisterreihe verweigert und sie einem anderen von seinen Geschwistern zugeschrieben wird, kann das einen Machtkampf entfachen, der meist die ganze Familie in Bann zieht.

Gemischte Familien

Ohne die Systemtherapeuten hinzuziehen zu müssen – welche Lehre ziehen wir aus dem uns allen bekannten Märchen »Schneewittchen«? Die Märchen und Mythen drücken eine Volksweisheit aus, die wir seit jeher in uns tragen – in ihnen kommt, mit C. G. Jung gesprochen, das »kollektive Unbewusste« zum Tragen.

Als der König verwitwete, hätte er dem Kind aus seiner

ersten Ehe, Schneewittchen, den ersten Platz in der Familienordnung zusichern müssen – die Position der verstorbenen Frau und Mutter Schneewittchens. Hätte er das getan, hätte er problemlos eine zweite Frau heiraten können, sofern diese in der Lage gewesen wäre, ihre Rolle als Zweite zu akzeptieren, die verstorbene Frau zu achten und dem Schneewittchen mit Demut den Vorrang zu geben. Wäre dieser Idealfall eingetreten, wäre das Märchen nicht entstanden.

Das Drama im Märchen »Schneewittchen« wird durch den Hochmut und Egoismus der zweiten Frau, einer narzisstischen Persönlichkeit, in Gang gesetzt. Sie wollte unbedingt beim König an erster Stelle stehen und tat ohne jegliche Skrupel alles, um die Stieftochter, das Schneewittchen, zu beseitigen und sie ihrer Mutter in den Tod nachzuschicken. Dafür ist sie mit dem Tod bestraft worden.

Das Modell: »Meine Kinder aus der ersten und aus der zweiten Ehe, dein uneheliches Kind und die Kinder aus deiner ersten Ehe, unsere gemeinsamen Kinder ...« – die Patchwork-Familie kommt heute immer häufiger vor. Mir geht es bei diesem Thema nicht darum, die Ursachen dafür zu ergründen. Auch geht es mir nicht darum, Schuldfragen aufzuwerfen. Ich möchte die Kinder, die in diesen Familien aufwachsen, in den Mittelpunkt stellen.

In Patchwork-Familien kochen vielleicht in einem noch größeren Maße als in »normalen Familien« starke Gefühle wie Wut, Eifersucht und Neid hoch; es gibt Verlustängste, Trauer und Misstrauen. Zudem stellt sich bei manchen Familienmitgliedern eine gewisse Hoffnungslosigkeit ein, die sich mit Resignation paart. Zweifellos bewirkt die Dialektik des Lebens, die auf dem Prinzip der Polarität beruht, dass auch entsprechend viele lebensbejahende Eigenschaften in Bewegung gebracht werden. Darin besteht meine Hoffnung hinsichtlich der Zukunft der Familien und der gesamten

Menschheit. Was die Kinder von heute – und die Erwachsenen von morgen – brauchen, ist Kraft. Und diese Kraft sollte in den emotional überlasteten Lebensumständen von heute nicht erschöpft und vollends verbraucht werden.

Damit die Kinder ihre Stabilität behalten und mit ihr wachsen, sollten sich die Schwierigkeiten in der Patchwork-Familie nicht potenzieren. Im Gegenteil: Neue Sicherheiten müssen entstehen. Sollte das nicht durch die dauerhafte Liebe der Eltern zueinander möglich sein, dann sollte sich zumindest eine zuverlässige Freundschaft, Achtung und Toleranz entwickeln können.

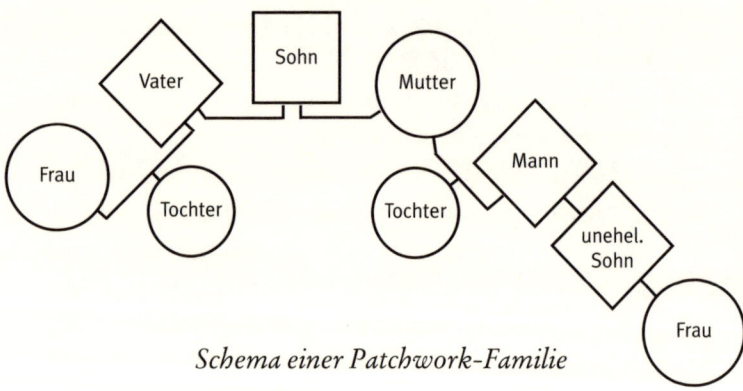

Schema einer Patchwork-Familie

Welches ist die Stellung der gemeinsamen Kinder aus der neuesten Ehe? Sie ist kaum zu bestimmen! Die Erfahrungen mit Familieaufstellungen von Patchwork-Familien sowie die Erfahrungen in der Begegnung mit gut funktionierenden Patchwork-Familien zeigen, dass sich die jüngsten Kinder zwar irgendwie zugehörig fühlen, doch eine bestimmte Stellung im Familienganzen ist »irgendwie« nicht passend. Das Grundgefühl bei solchen Kindern ist »irgendwie« austauschbar. Alles ist »irgendwie«. Wenn sich die ganze Patchwork-Familie beispielsweise im Skiurlaub oder bei einem Geburtstagsfest trifft, dann sind die Kinder aus den verschiedenen Eheverbindungen am liebsten unter sich. Als wären sie ein SOS-Kinderdorf. Eine Selbsthilfegruppe. Sie tendieren im Lauf ihrer Persönlichkeitsentwicklung zur Gründung einer ganz klassischen, herkömmlichen Familie oder zur Gestaltung einer Gemeinschaftswohnung für Singles.

In der Arbeit mit Patchwork-Familien taucht bei mir immer das Bild eines in viele Scherben zerbrochenen Kruges auf. Um aus diesem Krug noch trinken zu können, muss man sehr behutsam die einzelnen Scherben zusammenkleben. So behutsam muss man in einer Patchwork-Familie mit den Regeln des Zusammenhalts umgehen. Ich befürworte das Aufstellen bestimmter Regeln in diesen Familien. Trotzdem gebe ich zu, dass ich in diese Familienkonstellation bislang kein Vertrauen entwickeln konnte. Ich wähle lediglich zwischen zwei Übeln das kleinere Übel aus – in der Hoffnung, dass Krisen immer auch gute Anteile haben. Ein tschechisches Sprichwort sagt: »Die Not lehrt den Mann Geige spielen.« Daran halte ich mich, wenn ich es mit Patchwork-Familien zu tun habe: Ich helfe ihnen, speziell auf sie gemünzte Regeln zu finden, die dem Zusammenhalt der ganzen Familie dienen.

Wie entstehen hier unnötige Konflikte?
- Wenn immer noch der Scheidungskrieg herrscht.
- Wenn die Empathie für einzelne Familienmitglieder fehlt.
- Wenn die Bereitschaft zu Achtung, Toleranz und Anstand fehlt.

Das neue System hat Vorrang vor dem alten System
Dass die neu entstandene Familie mit den Ursprungsfamilien in Konflikt geraten kann, ist hinlänglich bekannt. Die Großeltern beiderseits haben oft eine ganz andere Vorstellung von dem, was der neu entstandenen Familie gut- oder

nottut. Ein ganzes Bündel an Problemen kann daraus erwachsen. Mindestens so viele Lösungsansätze oder -vorschläge gibt es. Ich empfehle einen Grundsatz, den alle Betroffenen verinnerlichen sollten: Die junge Familie hat ein Recht auf ihre Entscheidungen, selbst wenn die Großeltern dagegen sind. Weise Schwiegermütter respektieren diesen Grundsatz und halten sich zurück.

Um eine friedliche Atmosphäre in einer neuen Familie zu sichern, die aus einer Scheidung hervorgegangen ist, gilt zudem das bereits erwähnte Prinzip der Familienordnung: Die zweite Frau hat den Vorrang vor der Frau aus der ersten gescheiterten Ehe, doch wenn aus dem alten System Kinder vorhanden sind, die der Unterstützung bedürfen, haben diese Kinder den Vorrang vor dem neu gebildeten System.

Welche unnötigen Konflikte können hier entstehen?

- Wenn die erste Frau (der erste Mann) nach der Scheidung noch unberechtigte Ansprüche an den neu liierten Mann (Frau) stellt. Meist sind mangelnde Selbstkritik und Anmaßung mit im Spiel. Der Mensch, der im Unrecht ist, aber trotzdem weiter kämpft, sucht meist Verbündete; so kann ein Krieg zwischen den Familien, Verwandten und Freunden entstehen.
- Wenn ein Kind aus der ersten Ehe den Vorrang vor dem zweiten Ehepartner seiner Mutter (oder Vater) nicht bekommt, so leidet es unter Vernachlässigung und Halbverwaisung.

Erziehungsfehler und Empfehlungen

Wischiwaschi-Erziehung

Die »Weder Ja – noch Nein«-Kommunikation ohne eine klare Orientierung gilt als Brutstätte für Gereiztheit und Konflikte. Mütter neigen häufiger dazu als Väter – sie meinen es zwar gut, tun jedoch weder sich noch dem Kind etwas Gutes.

Männer denken eher linear und drücken sich demnach direkter aus. Frauen hingegen verlassen sich selten auf bestimmte klare Strukturen (Ja ist Ja, Nein ist Nein), sondern vielmehr auf ihre weibliche, verführerische Überredungskunst und die Reichhaltigkeit ihres Wortschatzes.

Fragt eine Mutter: »Kind, kommst du oder kommst du nicht?«, dann gibt es zwei Möglichkeit: Entweder kommt das Kind oder es kommt nicht. Doch wenn die Mutter will, dass das Kind kommt, sollte sie das auch klar formulieren und dem Kind keine vage Entscheidungsfrage stellen.

Ein typisches Beispiel: Ein Paar ist mit seinem etwa fünfjährigen Jungen in der Einkaufsstraße. Der Vater will ihn an der Hand führen. Der Junge weigert sich, dem Vater die Hand zu geben, fasst aber die Mutter an der Hand. Alsbald lässt er sie los und rennt um die beiden in immer weiteren Bögen herum. »Niko, komm her!«, ruft die Mutter. »Hast du nicht gehört? Muss ich es nochmal wiederholen? Also kommst du oder kommst du nicht? Niko, hallo! Mama hat gerufen. Niko, komm, ich kaufe dir ein Überraschungsei.« Und so geht es dann munter weiter in allen Variationen der Stimmungen und Verstimmungen.

»Der Junge hört dir gar nicht zu. Du gehst ihm ja mit dem tausendmaligen Rufen auf den Wecker. Ich rufe ihn jetzt selber und dann wirst du merken, wie schnell er kommt«, so der Vater, der die Wut in seiner Stimme zu drosseln versucht. Nicht weniger wütend kontert die Mutter: »Sind wir vielleicht beim Militär, wo man auf Befehle folgt? Das Kind braucht Geduld und Zeit, damit es seine Entscheidung trifft. Demokratisch, oder?!«

Die Eltern betreten eine Konditorei. Prompt ist Niko zur Stelle: »Wo hast du das Überraschungsei, Mama?« »Hier gibt es keine Überraschungseier zu kaufen.« Der Papa lacht höhnisch: »Siehst du, das ist deine tolle Erziehung. Du lügst den Jungen an.«

Niko rennt wütend aus der Konditorei hinaus und die Eltern im Streit hinter ihm her, ohne etwas bestellt zu haben.

Worauf kann sich der Junge verlassen? Weder auf den Vater, der sich nicht traut, konsequent zu handeln. Noch auf die Mutter, die je nach Stimmung – entweder mit Eselsgeduld oder barsch – auftritt. Die Mutter sagt »hü«, und der Papa sagt »hott«. Weder Fisch noch Fleisch. Das Verhalten der Eltern ist nicht vorhersehbar, das Rufen der Mutter wirkt nur belästigend, sie formuliert unklar und macht leere Versprechungen. Aus heiterem Himmel erlebt der Junge, dass sich die Eltern wegen ihm streiten. Das Kind weiß nicht, auf wessen Seite es sich stellen soll. Es leidet unter dem Ehezwist und gibt sich dafür die Schuld. Das tut ihm auf Dauer nicht gut.

Viele Kinder, die sich in dieser Lage befinden, werden unruhig, manche sogar krankhaft unruhig. Die Jungen leiden in besonderem Maße darunter, denn das männliche Gehirn reagiert auf Unberechenbarkeit schon von klein auf allergisch. Die meisten Kinderärzte verordnen dem zu Unruhe und Hyperaktivität neigenden Kind viel zu schnell Ritalin, ein Psychopharmakon zur Beruhigung. Statt ein Rezept auszustellen, sollten sie lieber die Familienatmosphäre analysieren oder – wenn sie sich dafür nicht zuständig fühlen – der Familie einen Familientherapeuten empfehlen, der ihnen zu einem guten Klima und zuverlässigem Rahmen in der Familie verhelfen kann.

»Eure Rede sei entweder ja oder nein, alles dazwischen ist von Übel«, ein zuverlässiger Satz aus der Bibel. Den Kindern wird übel, den Eltern auch, wenn dauernd Unklarheit und Zwist in der Familie herrschen. Uneinigkeit in der Familie ist der Nährboden, aus dem jene unnötigen Konflikte entstehen, die die Liebe verkümmern lassen.

In der »Schule der Liebe in der Familie« geben wir den Teilnehmern die Gelegenheit, sich in das Kind einzufühlen, das der Uneinigkeit der Eltern ausgeliefert ist. Ein Beispiel: Das Kind sitzt vor dem Fernseher. Von links sagt ihm die Mutter: »Schalte den Fernseher sofort aus!« Von rechts sagt der Vater: »Einen Film darfst du noch anschauen.« – Wenn diese Situation in unserem Kurs nachgespielt wird, reagieren die Vertreter des Kindes je nach Belastbarkeit und Temperament unterschiedlich, aber allen wird übel. Einige Reaktionen der Vertreter halte ich hier fest: »Ich habe mir beide Ohren zugehalten, um nichts zu hören.« »Hin- und hergerissen. Eine Spagatprobe.« »Ich musste mich selber beruhigen. Deshalb schaukelte ich hin und her.« »Wenn ich wirklich noch ein Kind gewesen wäre, hätte ich wahrscheinlich in die Hose gemacht.«

Welches erzieherische Verhalten ist richtig?

Das Kind muss sich auf die klaren, aufeinander abgestimmten Botschaften beider Elternteile verlassen können. Das ist sein Grundbedürfnis. Aus Liebe zum Kind müssen sich die Eltern einig werden. Empfehlenswert ist es, zuverlässige Regeln ähnlich den Verkehrsregeln aufzustellen. Unzuverlässige Regeln wecken bei allen Verkehrsteilnehmern Unruhe und Spannung. Deshalb ist es notwendig, dass sich die Eltern in der Handhabung der Regeln einig sind. Das erfordert häufig Zugeständnisse von einem der Elternteile, dem möglicherweise eine Regel nicht einleuchtet oder deren Handhabung unlogisch erscheint. (Als Fahrer muss ich die allgemein geltenden Verkehrsregeln befolgen, auch wenn ich manchmal die logische Begründung vermisse: Warum hat man von rechts und nicht von links Vorfahrt? Egal, ich beachte die Verkehrsregel trotzdem.)

Unabdingbar ist zudem, dass die Eltern ihren Kindern zeigen, wie sie die aufgestellten Regeln selbst einhalten. Sie sind für das Kind Vorbilder. Ein Beispiel: »In unserer Familie gilt als Regel, dass wir auf den ersten Ruf reagieren und er nicht mehrmals mit erhöhter Aggressivität wiederholt werden muss.« Diese Regel leben die Eltern vor, indem sie als Mann und Frau auf die Ansprache des jeweils anderen gleich reagieren. Erst wenn sie als Paar diese Regel einhalten, können sie von ihrem Kind verlangen, ihnen darin zu folgen. Reagiert das Kind auf den Ruf der Mutter gleich, freut sie sich darüber und sollte ihre Freude zeigen. Wenn das Kind den ersten Ruf unbeachtet lässt, sollte die Mutter den Ruf aus der Ferne auf keinen Fall noch einmal wiederholen. Sie müsste lauter werden und sich vielleicht sogar bis zum Schreien steigern. Unnötig! Um den Ruf verbindlich zu wiederholen, sollte sie zum Kind gehen und es dabei aus der Nähe liebevoll berühren: »Ich habe dich gerufen.« Das bedeutet nicht zwangsläufig, dass das gerufene Kind sofort folgen wird. Es darf über das von der Mutter Geforderte verhandeln. Falls es daran durch die angestaute Wut gehindert wird oder ihm die Worte zur Konfrontation fehlen, ist es besser, das Kind in den Arm zu nehmen und zu halten, damit es seine Wut ausschreien, weinen und vielleicht auch erklären kann.

In Bezug auf die erzieherische Haltung herrschen weit und breit Unsicherheiten vor. Sie speisen sich aus den derzeit kursierenden autoritären wie antiautoritären Empfehlungen. Beide Extreme führen zu Konflikten. Deshalb ist die goldene Mitte empfehlenswert. Doch wie können wir diese Mitte ausmachen? Nach dem arithmetischen Durchschnitt geht es nicht. Das Kleinkind braucht eine andere Unterstützung als der Jugendliche. Das heißt: Die unsichtbare »Leine«, an der das Kind gehalten wird, muss flexibel sein: Wir müssen uns als Erwachsene daran orientieren, was das Kind in seinem jeweiligen Alter braucht. Das geht ohne unsere Einfühlung nicht.

Es leuchtet ein: Je kleiner das Kind ist, umso kürzer muss die »Leine« sein – das können wir bis zur Nabelschnur zurückverfolgen. Das Kind fühlt sich im Nest, ganz nah bei der Mutter, geborgen. Doch je mehr es wächst, umso lockerer muss die »Leine« werden. Und wenn das Kind anfängt, flügge zu werden, hält man es an einer immer länger werdenden »Leine«. Viel Einfühlung ist vonnöten, um herauszufinden, wann man die »Leine« völlig loslassen kann.

Wenn das Kind mit den Regeln des menschlichen Zusammenseins, die es in der Zeit des An-der-Leine-gehalten-worden-Seins eingeübt hat, bewusst umgeht und sie verinnerlicht, können die Eltern sie leicht und unbesorgt loslassen.

Lob und Strafe

Am liebsten würde ich beide Begriffe aus dem Wortschatz von Eltern, Erziehern, Lehrern und Pädagogen streichen. Sie erinnern zu sehr an Dressur und die konservative, preußische Moral. Ganz verdammen kann man diese Begriffe jedoch nicht. Sie benötigen eine andere Gewichtung und eine Verfeinerung. Vor allem dürfen sie nicht – wie in der autoritären Erziehung – zur Hauptsäule der Erziehung werden. Diesen Stellenwert hat allein die Liebe.

In meiner Kindheit war Loben und Strafen das gängige

Erziehungsmittel. Ich wurde, wie die meisten Kinder aus meiner Generation, wenn ich brav war, gelobt; wenn nicht, getadelt und bestraft. Erfreulicherweise kann ich mich an viele Situationen erinnern, in denen ich gelobt wurde. Doch die beste Belehrung, die zur entscheidenden Wende in meinem Verhalten führte, geschah jenseits dieser Maßnahmen – allein durch Liebe.

Als Psychologiestudentin lebte ich bei meiner Mutter. Ich habe mich entschlossen, mit meiner Freundin in den Ferien mit dem Rucksack kreuz und quer durch die tschechische Heimat zu trampen. Es ging uns unterwegs sehr gut. Ich war froh, wieder einmal weg von zu Hause zu sein, und ich dachte überhaupt nicht daran, meiner Mutter ein Lebenszeichen zu schicken. Nach ein paar Wochen kam ich unbeschwert zurück nach Hause. Ich sah meine Mutter im Garten am Kompost arbeiten und eilte voller Freude zu ihr. Überrascht wie noch nie schaute sie mich an: »Du lebst? Oder erscheinst du mir nach dem Tod noch einmal?« Sie nahm mich in ihre Arme und drückte mich ganz fest, als wollte sie spüren, ob ich tatsächlich lebendig bin. Sie schluchzte immer wieder vor Freude: »Du lebst, du lebst!« Ich meinte zunächst, sie sei verrückt geworden. Doch leuchtete mir ihre eigenartige Reaktion ein, als sie mir erzählte, im Radio eine Nachricht vom tödlichen Verkehrsunfall zweier Studentinnen gehört zu haben. Sie hatte sowieso, schon bevor ich mich auf die Reise begeben hatte, Angst gehabt, da sie das Trampen nicht gut fand. Als kein Lebenszeichen von mir kam, sie im Radio die Nachricht von den Studentinnen hörte, war sie außer sich. Oje, dachte ich, wenn sie sich beruhigt hat, wird sie mir die Leviten lesen: Schon wieder werde ich zu hören bekommen, dass man sich auf mein Wort nicht verlassen könne, dass ich leichtsinnig wie mein Vater sei. Ich spürte schon den

Schmerz aus meiner Kindheit in mir hochsteigen – darüber, dass ich das schwarze Schaf der Familie war. Wie oft hatte ich nicht schon die Sätze gedacht: »Wenn ich mal jung sterbe, Mama, dann wirst du mich vermissen und bereuen, mich weniger geliebt zu haben als meine ältere Schwester, deinen ganzen Stolz.«

Wir gingen in die Wohnung. Meine Mutter führte mich zum Klavier, auf dem sie einen Altar für mich gestaltet hatte: Mein Foto hatte sie aufgestellt, einige Heiligenbilder, eine Blumenvase und den Aschenbecher mit dem Rest meiner letzten Zigarette. Sie habe diesen letzten Geruch von mir bewahrt, den Zigarettenstummel immer wieder berochen und geweint ... Dabei war meiner Mutter mein Rauchen so widerlich. – Als sie sich beruhigt hatte, tadelte sie mich mit keinem einzigen Wort für meinen Leichtsinn. »So großartig, so wahrhaftig, so bedingungslos liebt sie mich!«, das spürte ich plötzlich. Diese Erfahrung leitete bei mir eine Wende ein. Seither nahm ich mehr Rücksicht auf meine Nächsten. Ich informierte sie, wohin ich gehe und wann ich zurückkomme, und versuchte, mein Wort zu halten. Hätte mich meine Mutter bestraft, wäre bei mir zweifellos keine Besserung eingetreten. Eine Bestrafung hätte womöglich die Spannung zwischen mir und meiner Mutter vertieft. Der Liebe allein ist es gelungen. Und die Liebe wuchs.

Grundlegendes zum Thema »Strafe« habe ich bereits im Kapitel »Der neue Lebensstil in der Familie« geäußert: Mit diesem Lebensstil sind körperliche Strafen sowie der Entzug der Liebe (Auszeit, Ignorieren) nicht zu vereinbaren. Den entscheidenden Grund für meine konsequente Ablehnung dieser Vorgehensweisen habe ich auch bereits genannt: Bei diesen Strafen sind Blickkontakt und Einfühlung nicht möglich.

Trotz dieser kategorischen Ablehnung des körperlichen Bestrafens darf das Thema »Strafe« nicht völlig wegfallen. Das Kind von heute wächst in eine Gesellschaft hinein, die Strafen kennt. In unserer Gesellschaft – es ist anzunehmen, dass sich das auch in Zukunft nicht ändern wird – muss jeder Bürger mit Strafen umgehen können. Das Kind muss man darauf rechtzeitig vorbereiten: Es muss die Erfahrung machen, dass es Strafen gibt. Sinnvoll ist allerdings nur jene Strafe, die als logische Folge eines Fehlverhaltens abgeleitet werden kann. Jeder Autofahrer muss damit rechnen, dass er für das Einparken des Autos in einer Feuerwehrzufahrt mit Bußgeld und dem Abschleppen seines Autos bestraft wird. Zudem darf er eine Zeit lang nicht fahren. Ein Bürger, der Steuern hinterzieht, wird ebenfalls hart bestraft: Zur negativen Konsequenz gehört, dass er das Geld, das er durch seinen Betrug gewinnen wollte, zurückgeben und darüber hinaus ein fettes Bußgeld zahlen muss. Diese Logik muss sich das Kind in seiner kindlichen Welt einprägen, sobald es den logischen Zusammenhang zwischen einem Vergehen und den logischen, negativen Folgen verstehen kann. Wenn es die Hauptspeise verweigert hat, entgeht ihm die Nachspeise. Wenn es sein unverschlossenes Fahrrad auf der Straße stehen gelassen hat, wird das Fahrrad für eine bestimmte Zeit »abgeschleppt«. Solange das Kind seine Hausaufgaben nicht gemacht hat, hat es keine Freizeit. Wenn es seinen Mitschüler öffentlich beleidigt hat, muss es sich bei ihm öffentlich entschuldigen. Alle anderen Verhaltenskonflikte oder -störungen sind mit Hilfe der emotionalen Konfrontation, wie wir sie weiter oben beschrieben haben, anzugehen und zu verarbeiten.

Viel bedeutender als Strafen ist für die Persönlichkeitsentwicklung das Loben. Bedeutend ist es nicht nur für das Kind, sondern für jedes Mitglied der Familie. Jeden Menschen bewegt der Wunsch, gesehen, geliebt und bestätigt zu werden sowie für die anderen etwas zu bedeuten. Wird dieses Bedürfnis befriedigt, entsteht ein Gefühl der Geborgenheit: Der Mensch fühlt sich zu Hause, er will aus diesem Wohlgefühl und seiner kreativen Lust heraus noch mehr bewirken. Das Beheimatet-Sein bringt den Antrieb für neues Lernen mit sich und ruft den Drang nach Entdeckung der eigenen Identität hervor. Es macht den Menschen in jeder Hinsicht neugierig – neugierig auf sich selbst und die Welt. Es vermittelt ein beglückendes Gefühl.

Der bekannte Hirnforscher Gerald Hüther erklärt das Phänomen wie folgt: »Immer dann, wenn dieses Gefühl entsteht, wird das sogenannte ›Belohnungszentrum‹ im Gehirn aktiv. Das sind Nervenzellen im Zwischenhirn, die mit ihren langen Fortsätzen wie ein Baum mit seinen Ästen in die höheren Bereiche des Gehirns ziehen und die an den Enden ihrer Fortsätze einen Botenstoff abgeben, der Dopamin heißt. Er bringt dann all jene Nervenzellen, die an der erfolgreichen Bewältigung des betreffenden Problems beteiligt waren, dazu, die dabei aktivierten Nervenzellenverknüpfungen fester, stabiler und kräftiger zu machen. Deshalb gelingt einem die Lösung eines gleichen oder ähnlichen Problems beim nächsten Mal schon deutlich besser. Aus den anfänglich noch sehr dünnen Nervenverbindungen werden auf diese Weise immer besser begehbare Wege und schließlich sogar gut und fast automatisch befahrbare Straßen. ›Bahnung‹ nennen die Hirnforscher diesen Prozess.«[3]

Jedem leuchtet ein, was passiert, wenn das Gegenteil eintritt: Wenn das Kind eingeschüchtert, verängstigt, verspottet oder abgewertet wird und sich nicht angenommen fühlt, wenn nicht das Dopamin und das Liebeshormon Oxytocin

---

3 Gerald Hüther/Jirina Prekop: Auf Schatzsuche bei unseren Kindern, Kösel Verlag, München 2006.

die »Bahnungen« schafft, sondern das Adrenalin sie hemmt, noch bevor sie sich entfalten können: Die kreative Neugierde bis hin zur Freude wird in so einem Fall blockiert. Der Mensch traut sich nicht mehr. Darunter leidet die Intelligenz – sie kann sich nicht normal entwickeln. Die Fachleute diagnostizieren eine affektive Hemmung der Intelligenz. Der Betroffene zweifelt an seiner Identität. Er möchte, aber er kann nicht. Versagensängste plagen ihn und er wird zum Versager. Entweder verfällt er in Depressionen, die er mit Alkohol und Drogen zu bewältigen versucht, oder er ist seiner Wut ausgeliefert. Er ist wütend auf sich und die ganze Welt.

Von diesem Schlag sind die meisten Amokläufer. Zunächst problemlos in einem gutsituierten, bürgerlichen Elternhaus aufgewachsen, umgeben von virtuellen Sicherheiten (Internet), genießt der Eigenbrötler sein scheinbar starkes Ich. Auf der Schwelle zum Erwachsensein jedoch lassen ihn die Eltern erkennen, dass er den Ansprüchen des realen Lebens nicht gewachsen ist: Dass er nicht einmal das Gymnasium schafft, ist schrecklich. Sein virtuell starkes Ich bricht zusammen, und er sucht die Schuldigen für sein Versagen. Er straft die vermeintlich Schuldigen mit dem Tod und bringt sich schließlich selbst um. – Als Antwort auf einen Amoklauf verlangt die Öffentlichkeit nach einer Verschärfung der Waffengesetze. Ein Irrtum! Die Hauptursache ist bei den Eltern zu suchen: Sie haben den Sohn nur bedingt lieben können. Die Einfühlung in das Kind hat ihnen gefehlt, sie waren kein fruchtbares Vorbild für ihren Sohn und konnten ihn nicht rechtzeitig aufmunternd und bestätigend begleiten, als es um seine Integration in die Gesellschaft ging.

Zurück zur Wirksamkeit des Lobens. – Mit einer Freundin besuchte ich die Familie ihres Sohnes. Wir kamen etwas früher als angemeldet. Der Sohn reinigte die Treppen und bat um Entschuldigung, dass er uns jetzt nicht die Hand geben könne. Meine Freundin küsste ihn auf die Wangen. Statt zu fragen: »Hallo, wie geht es dir?«, sagte sie: »Ja, hör mal, Heinz, so sehe ich dich zum ersten Mal: Du mit dem Putzlappen? Bei mir hast du die Treppen nie putzen wollen.« »Du hast mich auch nie gelobt, Mama.« Da geht die Wohnungstür auf, und die Schwiegertochter begrüßt uns: »Wir sind noch nicht ganz fertig mit den Vorbereitungen auf euren Besuch. Entschuldigt bitte, dass ich noch eine Schürze anhabe. Was für ein Glück, dass mir Heinz so viel Arbeit abgenommen hat! Er ist ein einmaliger Schatz.« »Aha!«, flüsterte meine Freundin vor sich hin.

Noch ein Beispiel aus der Kinderstube: Opa übt mit seinem achtjährigen, leicht legasthenischen Enkel ein deutsches Diktat. Lucas gibt sich sichtlich Mühe. Er schwitzt, beinahe gerät er außer Atem. Nach dem Diktat unterstreicht Opa die Fehler mit einem roten Kuli. So viele Fehler! Enttäuscht und angespannt erwartet Lucas das Urteil. »Wo ich rot unterstrichen habe, dort hast du Fehler gemacht. Aber zwölf Wörter hast du richtig geschrieben. Und zudem hast du die ganze Zeit über ordentlich gesessen und den Stift richtig gehalten, obwohl es dir keine große Lust gemacht hat.« Lucas strahlt: »Opa, üben wir noch weiter?«

Mit welchen Worten kann man Lob ausdrücken? Sicherlich nicht so, wie es viele mit dem banalen Ausdruck »Super!« machen. Und auch nicht mit einem maßregelnden Zusatz: »Toll, dass du heute endlich die Zahnpastatube zugemacht hast. Warum kannst du es nicht jeden Tag so machen?« Mit dem Lob ist gleich der Tadel gekoppelt; dadurch wird das Lob entwertet. In dem Fall wäre es besser gewesen, gar nichts zu sagen. Jedoch ist Schweigen auch nicht gut. Ich erinnere mich an den Spruch eines Lehrers, Anhänger des alten autoritären Erziehungsstils: »Es ist schon Lob genug, dass ich nicht schimpfe.«

Es empfiehlt sich, eher wenige, dafür aber eindeutige Worte zu sagen, und zwar Worte, die Freude ausdrücken: »Wenn ich dich nicht hätte!« »Ich staune.« »Mein Glückwunsch.« »Du bist ganz dein Papa. Er gibt auch nie auf.« »Wenn ich deiner Oma erzähle, wie schön du mit uns zusammen gegessen hast, dann wird sie sich sehr freuen!« »Wie sanft du mit dem kleinen Baby umgehst! Guck mal, wie es sich freut!« »Du bist einmalig. Welch' Freude habe ich an dir!«

Jeder sollte allerdings vor dem inflationären Gebrauch lobender Worte gewarnt sein. Solche Sätze mechanisch anzuwenden, macht sie wirkungslos. Ihre Wirksamkeit gilt nur, wenn sie echt sind.

Kommunikationskiller

Auf der Durchreise von Prag nach Frankreich kam meine ehemalige Studienkollegin Iva zu mir auf Besuch. Sie hatte sich kurzfristig angemeldet, trotzdem gelang es mir, noch einige andere Kollegen zu erreichen und einzuladen, womit Iva sich einverstanden erklärte. Viele Jahre waren seit unserem Studium verflossen, einige politische Entwicklungen haben uns getrennt. Gewiss sind wir auch nicht dieselben Wege in unserem Fachbereich Psychologie gegangen. Zum Backen hatte ich nicht viel Zeit. Ich bestellte Kuchen in der Konditorei, doch die Freude, meine Spezialität, einen Apfelstrudel mit Walnüssen und Datteln, zu backen, ließ ich mir nicht nehmen.

Es wurde ein sehr gemütliches Treffen. Niemand fing an, sich mit beruflichen Erfolgen oder Fotos von Weltreisen zu brüsten. Die Gespräche waren ungezwungen, sie flossen weich wie die Sahne auf dem warmen Apfelstrudel. »Mhm, wie köstlich …« ertönte es rund um den Tisch. Doch plötzlich ertönte der Satz: »Wirklich hervorragend, Jirina. Darf ich dir einen guten Rat geben? Du brauchst die Sahne nicht mehr zu süßen, wenn du schon so viel Zucker im Strudel hast. Aber sonst schmeckt es wunderbar.« Das war Iva. Typisch. Schon an der Uni wusste sie alles besser. Vor allen Kollegen machte sie mich mit ihren guten Ratschlägen klein. Mit der Empathie eines Hammerwerfers.

»Verflixt noch mal, warum habe ich sie eingeladen? Warum habe ich mir die Mühe mit dem Apfelstrudel gemacht? Butterbrezeln hätten auch gereicht.« Mir schmeckte der Apfelstrudel nicht mehr. Auch fiel es mir wie immer schwer, mich mit Iva zu konfrontieren. Es wurde mir wieder einmal bewusst, warum ich so allergisch auf unnötige Belehrungen reagiere. So verhielt sich auch meine ältere Schwester und machte mich sprachlos. Gehemmt. Zwischenzeitlich kamen in unserer Tischrunde Themen wie Zucker, Diabetes, Dickwerden auf. »Darf ich dir noch einen guten Rat geben, Jirinchen? Es steht dir zwar gut, wenn du etwas mollig bist. Aber mit einer Tunika könntest du deine Figur besser kaschieren.« Iva lächelte mich lieb an. Ja, es war gut gemeint. Doch ohne jegliche Empathie: Iva versetzte sich kein bisschen in mich hinein; sie stellte sich nicht die Frage: »Wie fühlt sich Jirina, wenn ich solche Bemerkungen mache?« Das war für mich wie ein Schlag. Eine Niederlage für meine Kontaktbereitschaft.

Wie hätte ich reagieren müssen? Welche Reaktion wäre für uns beide wirksam gewesen?

Ich hätte meiner Studienkollegin sagen müssen: »Iva, Deine Ratschläge tun mir nicht gut. Ich komme mir wie eine Doofe vor. Ich bezweifle nicht, dass du deine Ratschläge gut meinst. Doch du erinnerst mich an meine ältere Schwester, die immer die Besserwisserin war und mich kleinmachte. Jedes Mal verspürte ich eine große Wut. Bis heute reagiere ich darauf allergisch. – Warum musst du mir immer Ratschläge geben? Ich möchte dich verstehen. Bist du vielleicht auch eine ältere Schwester, die sich immer als die Große präsentieren musste?« Und dann hätte ich mit ihr auf das Wohl aller Erstgeborenen angestoßen.

Spontane Sprüche wie die Ratschläge von Iva werden brutal ausgesprochen und genauso brutal wirken sie sich aus: Sie töten jegliche Lust an der Fortsetzung eines Gesprächs ab. In seinem Buch »Familienkonferenz« nennt sie Thomas Gordon »Kommunikationskiller«. Der Täter meint es nicht böse, er meint es in den meisten Fällen sogar gut. Sein Fehler ist, dass er sich in jenen Menschen, dem er einen Ratschlag geben möchte, im Vorfeld nicht einfühlt. »Wie wird der Empfänger reagieren?« Diese Frage sollte er sich stellen, um herauszufinden, wie er seine Botschaft formulieren könnte, ohne dabei den anderen unnötig zu verletzen. Man hilft niemandem, indem man ihn herabsetzt. Der Ratschlag kann noch so gut sein, er wird seine Wirkung verfehlen.

Formuliert jemand seine Bemerkung zu impulsiv, kann der Empfänger nicht anders – er muss sich verschließen. Ohne über die Folgen eines ausgesprochenen Satzes nachzudenken, ohne Empathie wird die Kommunikation scheitern. Erfahrungen zeigen, dass der Betroffene einen unempathisch formulierten, rücksichtslosen Spruch wie einen Frontalangriff empfindet. Als ob er einen Faustschlag ins Gesicht bekommen hätte. Daher ist er nicht in der Lage, sich zu wehren. Der Konflikt bleibt unverarbeitet. Wiederholungen machen alles schlimmer, der Konflikt spitzt sich zu, die Spannung wird immer größer. Oft fängt ein solches Spannungsverhältnis in der Beziehung zweier Geschwister an: Der Erstgeborene ist »der Täter«; er weiß immer alles besser und muss den Zweitgeborenen kleinmachen, um sich selbst als groß zu empfinden. Diese Grundhaltung wird oft auch auf andere Beziehungen übertragen. In der Schusslinie ist vor allem die Ehebeziehung.

In unserer »Schule der Liebe in der Familie« lernen die Kursteilnehmer, sich durch Rollenspiele in den Menschen hineinzuversetzen, der zum Opfer von Kommunikationskillern wird.

Ein Beispiel: Die Familie (Vater, Mutter, Oma und Opa) sind beim Kaffeekränzchen zusammen. Der kleine Hannes kommt aus der Schule und meldet, dass ihm die Nase blute. Auf dem Weg von der Schule habe sich zwischen seinen Mitschülern eine Schlägerei ereignet. Die Familienmitglieder reagieren unterschiedlich. Der Vater: »So wie ich dich kenne, hast du sicher begonnen.« (Das Ergebnis ist, dass Hannes zum schwarzen Schaf abgestempelt wird.) Die Mutter: »Was habe ich dir gesagt, du sollst allein nach Hause gehen und dich nicht von den Rowdys verführen lassen.« (Hannes denkt: »Auch von der Mutter werde ich im Stich gelassen. Sie hält mich für unerziehbar.«) Der Opa: »Macht daraus doch keinen Aufstand. Ich war genauso ein Kämpfer wie Hannes.« (Das Ergebnis für Hannes: »Opa ist der beste Kumpel.«) Der Vater stellt sich gegen den Opa: »Deshalb bist du auch bei den Nazis gelandet. Wir leben heute in anderen Zeiten. Die Jungen sind heute Hooligans. Kriminelle. Drogensüchtige.« Der Opa: »Buben sind Buben.« (Das Ergebnis für Hannes: »Wegen mir streiten sie jetzt. Ich bin schuld«.) Die Oma: »Komm, Kleiner, gehen wir ins Bad. Ich mache Dir ein Pflaster auf die Nase.« (Das Ergebnis für Hannes: »Oma und Opa sind die besten. Meine Eltern sind doof.«)

Nach diesem Rollenspiel gehen wir mit der Gruppe den Gründen nach: Wir wollen aufspüren, warum ein Teil der Familie zu impulsiven Reaktionen neigt. Wir wollen heraus-

finden, welche Reaktion Hannes am angenehmsten emp-
fand und welche Reaktion auf seine blutende Nase angemessen gewesen wäre. Indem wir uns in Hannes (aber auch
in die anderen Familienmitglieder) einfühlen, können wir
das Konfliktpotenzial in der Familie besser verstehen. Wir
können erklären, wie die ganze Familie in den Sog hinein-
gerät.

Für Hannes bricht im Kaffeekränzchen der Familie ein
Weltkrieg aus. Das Schlimmste für ihn ist, dass er sich schuldig fühlt. Wegen seiner blutenden Nase geraten die anderen
in Streit. Typisch ist für ihn als »Opfer«, dass er keine Worte
zu seiner Verteidigung findet. Er kann sich nicht wehren.
Beim nächsten Mal wird er sein Problem verbergen. Oder er
wird die wahre Ursache verleugnen und sagen, dass er ge-
stolpert und auf die Nase gefallen ist.

Es muss uns bewusst sein: Ein Kind befindet sich lange in
der sogenannten Phase des magischen und egozentrischen
Denkens, das heißt, es glaubt, dass sich der Mond hinter den
Wolken versteckt, um es zu ärgern, oder es glaubt, das Auto
müsse doch wissen, dass es über die Straße laufen möchte.
So bezieht ein Kind auch den Streit der Eltern auf sich
selbst, obwohl nicht seine blutende Nase ihn verursacht hat.
Das sollten sich Erwachsene, Eltern und Großeltern stets
vergegenwärtigen, um das Kind nicht mit Ängsten und
Schuldgefühlen zu belasten.

Vertrauensbildung geht von glaubhaften Vorbildern aus.
Vertrauen gibt dem Kind Sicherheit. Doch wächst Vertrauen wie eine zarte Pflanze und benötigt Feinfühligkeit.
Niedergewalzt durch einen Familienkrieg, erholt sich das
Vertrauen nur schwer oder nie. Vergleichbares haben viele
Menschen in ihrer Kindheit erfahren. Umso mehr gilt: Fühlen Sie sich in Ihr inneres Kind ein! Wenn Sie das tun, können Sie sich auch in das Kind, für das Sie Verantwortung
übernommen haben, einfühlen.

Welche Reaktionen wären für das Kind angemessen?

Auf jede Klärung des Tatbestandes, wer denn Schuld an die Schlägerei ist, muss zunächst verzichtet werden. Der Junge hat eine blutende Nase, darauf muss man eingehen, indem man Hannes eine Weile Ruhe gönnt und ihm einen kalten Umschlag auflegt. Hannes muss dann die Möglichkeit haben, zu reden. Die Erwachsenen müssen ihn ausreden lassen, ihm aufmerksam zuhören, ihn feinfühlig spiegeln und mit ihm in Resonanz gehen. Die Klärung der Schlägerei sollte verschoben werden; an dem klärenden Gespräch sollte nicht die ganze Familie wie eine Schwurgerichtsversammlung teilnehmen, es sollte am besten nur zwischen Vater (oder Großvater) und Sohn stattfinden. Die Männer der Familie sind die Experten für die männliche Aggressivität und können wahrscheinlich konstruktiver damit umgehen als Frauen.

Eine typische Reaktion auf Kommunikationskiller ist die Sprachlosigkeit. Dazu neigen besonders diejenigen, die in der Kindheit ähnliche Erfahrungen gemacht haben. Wie in dem Apfelstrudel-Beispiel: Die alte Wunde wird schmerzhaft aufgerissen.

Es gibt Menschen, die ein Kommunikationskiller nicht sprachlos macht und in die Ecke drängt, sondern die sich sofort aggressiv zur Wehr setzen. Jedoch fallen sie meist negativ auf, weil der Kontrast zu dem gut gemeinten, lieb formulierten Ratschlag so groß ist. So oder so – mit Taktgefühl und Empathie lässt sich ein Kommunikationskiller wunderbar umgehen: Der Sender vermag seine Botschaft in Worte zu fassen, die den Empfänger erreichen, ohne dass er in sich zusammensackt oder wütend aufbraust; er wird über den Rat nachdenken, ja ihn sogar annehmen. Sender und Empfänger sind zufrieden.

Über Kommunikationskiller können kinderlose Ehefrauen jede Menge Klagelieder anstimmen. »Immer noch nichts bei Euch? Was sagt denn dein Mann dazu? Und die Schwiegermutter? Vermissen sie nicht den Stammhalter? Gib nicht auf!« Oder: »Sag mal, ist das ein Babybäuchlein oder hast du zugenommen?« Der Satz wird immer von bedeutungsvollen Blicken auf den gewölbten Bauch begleitet.

Solche Sätze sind wie Schüsse, die völlig unüberlegt abgefeuert werden. Ohne Empathie. Betroffene Frauen versuchen oft in weiser Voraussicht solchen verletzenden Bemerkungen aus dem Weg zu gehen. Das gelingt nicht immer. Und man weiß, die Menschen meinen es nicht böse, man kann es ihnen nicht übel nehmen. Doch sie fühlen sich nicht in den Anderen ein.

»Ich fühle mit dir. Es ist schrecklich, kein Kind zu haben. Ich verstehe dich«, bekundet eine Freundin umgeben von drei Kindern, das vierte Kind im Bauch. »Es geht dir wie Soraya, nur wurde Soraya wegen Unfruchtbarkeit vom Schah verbannt. Verlier die Hoffnung nicht!« So hofft und verzweifelt die unfruchtbare Frau von Menstruation zu Menstruation, bis sie letzten Endes durch das Klimakterium erlöst wird. Zwischenzeitlich hat die Unglückselige viele Freunde wegen der Kommunikationskiller verloren und fühlt sich unter Umständen einsam.

Wie sollte man auf eine unfruchtbare Frau reagieren? – Überhaupt nicht. Eine Reaktion ist erst dann angebracht, wenn sie ihren Kummer ausdrückt und sich einem anvertraut. Und selbst dann reicht ein aktives Zuhören und Spiegeln ihrer Gefühle (»Du bist traurig, ich kann dich verstehen ...«).

Noch bedenklicher wird die Auswirkung eines scheinbar harmlosen Kommunikationskillers, wenn er die Ehe und die junge Elternschaft im Keim erstickt und das Glück der Kinder aufs Spiel setzt. Aus meiner therapeutischen Praxis weiß ich, dass viele hoffnungsvolle, sich noch liebende Paare nur deswegen auseinander gehen, weil sie einen inhaltlich völlig bedeutungslosen Kommunikationskiller nicht verarbeitet haben. Sowohl bei meinen Kursen, als auch in den Diskussionen nach meinen Vorträgen präsentiere ich einen solchen Fall, um die Erwachsenen dafür zu sensibilisieren; sie bekommen vorgeführt, welchen Schaden sie mit einem lächerlichen Kommunikationskiller anrichten.

Ein Beispiel: Eine Frau möchte eine Beratung, weil ihre Ehe in die Brüche geht. Ich führe folgendes Gespräch mit ihr:
»Wann hat die Entfremdung begonnen?«
»Als das Kind gekommen ist.«
»Wollte er das Kind überhaupt?«
»Und ob! Er hat meinen wachsenden Bauch immer wieder abgeküsst und dem Baby dabei seine Lieblingssongs vorgesungen. Auch bei der Entbindung war er dabei, alle Wehen hat er mitgemacht, mit mir geatmet und gepresst, das Baby als stolzer Papa im Tragtuch getragen. Und dann war es aus.«

Ich gehe der Sache nach und frage, wie alt das Kind in der schicksalhaften Zeit der Entfremdung war. Meist bekomme ich die Antwort, dass es sich im ersten Lebensjahr befand. Das stimmt mit den Statistiken überein: Es wurde festgestellt, dass die meisten Ehen von heute im ersten Lebensjahr des erstgeborenen Kindes in eine Krise geraten, die oft mit der Scheidung endet. Ich frage, was damals geschah. Der Mann musste zu einer Fortbildung für zwei Wochen nach München. Als Psychologin, die etwas von der Entwicklungspsychologie versteht, frage ich, wie das Kind auf die Rückkehr des Vaters reagierte. Es befand sich schließlich inmitten der »Fremdelphase«, die man auch »Zeit der 8-Monate-Angst« oder »Phase der Separationsängste« nennt. In dieser Phase unterscheidet das Kind zwischen sehr vertrauten und weniger vertrauten Personen: Es klebt an der Mama und meidet die Oma, die nur gelegentlich kommt und mit der es spontan schmust oder Späßchen treibt.

Wie verhielt sich das Kind zum Papa, nachdem er zwei Wochen verschwunden war? Ganz genau kann sich die Mutter nicht erinnern. Es liegt fast zwei Jahre zurück. Jedenfalls habe das Kind zunächst misstrauisch reagiert. Aber auch ihr Mann habe sich irgendwie komisch verhalten. Vielleicht habe er sich in München in eine neue Frau verliebt. Es stimme jedenfalls, dass die Ehekrise damals begann.

»Nein, nein«, wehrt sich der Mann. *»Es war völlig anders. Zum einen war und ist bis heute keine andere Frau im Spiel. Zum anderen – und das halte ich für das Verheerende –, als ich unser Kind zur Begrüßung in den Arm nahm und es anfing, zu schreien, hat es meine Frau sofort aus meinem Arm gerissen und mir gesagt, dass sie es schneller beruhigt.«*

»Wie haben sie sich gefühlt?«, frage ich.

»Total abgewertet. Als Versager. Kastriert.«

»Haben Sie Ihrer Frau die Verletzung gezeigt?«

»Nein. Sie hat mich in einen Schockzustand versetzt, und ich habe keine Worte mehr gefunden. Was hätte ich auch sagen sollen? Es stimmte ja, dass sie in der Lage war, das Kind schneller zu beruhigen. Sie hätte sich aber in mich einfühlen müssen, wie es mir bei ihren Worten geht.«

»Wie konnte sie sich in Ihre Gefühle einfühlen, wenn Sie ihr die Gefühle nicht gezeigt haben?«

»Das stimmt.«

Eine unmittelbare emotionale Konfrontation hätte das Eheglück sofort gerettet.

Wer hat den unnötigen Konflikt verschuldet?

Eindeutig die Frau. Bevor sie auf ihren Mann reagiert hat, hätte sie sich in ihn einfühlen sollen, ob ihr beabsichtigter

Satz bei ihm gut ankommt. Zum anderen hätte sie sich in ihr Kind einfühlen müssen und zwar im Hinblick auf dessen künftige Beziehungen. Sie hätte sich bewusst machen müssen, dass das Kind nicht nur eine Mutter, sondern auch einen Vater braucht. Stattdessen hat sie das Kind vor dem Vater »geschützt« und seine Abwendung von ihm verstärkt.

Wie hätte sie sich verhalten sollen?

Sie hätte das schreiende Kind im Arm des Vaters lassen sollen, bis es bei ihm das Vertrauen wiedergewinnt. Auch hätte sie die ganze Zeit dabei bleiben und sich über deren erneuerte Liebe freuen sollen.

Wie hätte er sich verhalten sollen, falls seine Frau das Richtige versäumt haben sollte?

Er hätte sich mit ihr konfrontieren müssen. Vielleicht nicht sofort, aber spätestens bis Sonnenuntergang.

Eine wichtige Ergänzung zu diesem letzten Fall: Wie bereits erwähnt, erlebt ein Paar mit der Geburt eines Kindes eine Veränderung in der Beziehungsdynamik. Sowohl für die Erstgebärende als auch für den unerfahrenen Vater bringt ein Kind eine Gefühlswallung und Sensibilitätssteigerung mit sich. Die erste Zeit steht unter dem Zeichen eines Aufbruchs zu einem neuen Glück und Segen. Gleichzeitig jedoch geraten die beiden aus ihren gewohnten Rollen. Die Frau gewinnt an Selbstwertgefühl, indem sie Mutter wird. Es könnte sogar sein, dass sie meint, ihr gebühre mehr Achtung und Aufmerksamkeit als dem Mann. Sie gehört mit ihrem ganzen Körper dem Baby – mit ihrem Bauch, ihrem Busen, ihrer Milch, mit ihrem mütterlichen Instinkt. Sie genießt ihre neue Stärke. Der Genuss geht aber mit einer mehr oder weniger unerwarteten Schwäche einher: Der stolze Vater, der so gerne der starke Beschützer seiner Frau und des Kindes sein möchte, spielt plötzlich die zweite Geige. Die tüchtige Mama reagiert auf eine überraschende Weise feinnervig, vielleicht sogar depressiv: Sie kommt sich hilflos vor und wird in der Tat hilfsbedürftig. Je nach Persönlichkeit neigen sowohl die Frau als auch der Mann zur Verwundbarkeit. Unter den zwei Mimosen entzünden sich leicht Missverständnisse. Ein Außenstehender, der nur dem einen auf Kosten des anderen den Rücken stärkt, ist kein guter Moderator und sollte lieber nicht in Anspruch genommen werden. Meist ist das leider die Mutter der Frau, die zu moderieren versucht.

Umso wichtiger ist es für die jungen Eltern, um die Gefahr unnötiger Konflikte zu wissen und rechtzeitig die Fähigkeit zur empathischen emotionalen Konfrontation als Tankstelle für die Erneuerung der Liebe einzusetzen. Sofern diese präventive Maßnahme nicht im eigenen Elternhaus ergriffen wurde, sollte sie in der Vorbereitung auf die Ehe, spätestens jedoch während der Schwangerschaft erfolgen.

IV. Notwendige Konflikte mit emotionaler Konfrontation lösen

»Soll der Mensch eine Zukunft haben, so haben wir als Mitglieder der menschlichen Gesellschaft keine andere Wahl, als unser gemeinsames Schicksal mit heißem Herzen und kühlem Verstande in beide Hände zu nehmen und mitzuwirken, es entschlossen und sanft zugleich durch die gefährlichen Klippen und Stromschnellen der nächsten Jahrzehnte zu steuern.«

Prof. Dr. Hans Peter Dürr

Im vorigen Kapitel haben wir uns Konflikte vor Augen gehalten, die unnötig entstehen und den Fluss der Liebe in der Familie hindern, ja sogar versickern lassen. Es gibt jedoch Konflikte, die notwendig sind und unbedingt ausgetragen werden müssen. Konflikte gehören genauso zum Leben wie harmonische Stunden – das energetische Gesetz der Polarität wirkt in allen Lebensbereichen und spendet Lebendigkeit. Und echte Lebendigkeit entsteht nicht unter einer Glasglocke oder in einer Atmosphäre mit gleichbleibender Temperatur – nein, die Natur pendelt immer zwischen zwei Polen: Frost und Hitze, Sturm und Windstille. Der Weg in die Zukunft braucht beides – das heiße Herz und den kühlen Verstand, Sanftmut und Entschlossenheit.

Schon das Baby muss, um auf die Welt zu kommen, einen Kampf bestehen, erst dann genießt es das Licht und atmet frei. Schlechte Bedingungen müssen überwunden werden, dann erst kann die bedingungslose Liebe fließen. Nicht nur in guten, sondern auch in schlechten Zeiten soll Liebe walten – mit diesem Ehespruch werden Paare in aller Welt auf ihren gemeinsamen Weg vorbereitet. Ohne schlechte Zeiten kann sich die Liebe nicht bewähren. Beinahe jedes Märchen kennt diese Dynamik: Auf dem Weg zur Liebe muss der Mensch viele mühselige Prüfungen bestehen. Das ist sein Schicksal. Wenn sich Konflikte in Liebe verwandeln, ist das des Menschen höchstes Glück. Notwendige Konflikte ergeben sich oft aus den schwer zu ertragenden Unterschieden zwischen dem Männlichen und dem Weiblichen sowie den unterschiedlichen Bedürfnissen der Eltern und Kinder.

Widmen wir uns zunächst dem Paar. Mann und Frau fühlen sich gegenseitig angezogen – nicht nur durch ihre Gemeinsamkeiten und ihren Einklang, sondern auch durch das, was sie voneinander unterscheidet. Doch in dem Gegensätzlichen manifestiert sich nicht nur die bewundernde Liebe, sondern auch der massive Widerstand. Vom ersten Augenblick der Begegnung zwischen Mann und Frau gibt es latente Konflikte, die allerdings in der ersten Phase der Verliebtheit noch nicht zum Tragen kommen.

Von der Menge der Gegensätze zwischen Mann und Frau erinnere ich bloß an einige banale, die jedem sofort einleuchten: Während die Frau es genießt, alle Schuhläden ihres Ortes abzuklappern, bevor sie sich für ein Paar entscheidet, geht der Mann schnurstracks in die Schuhabteilung eines Kaufhauses, schaut sich das Regal mit seiner Schuhgröße genau an, fischt sich ein Paar heraus, probiert es an, bezahlt es und geht hinaus. Der Mann denkt in anderen Strukturen als die Frau. So kommt es, dass er auf Gewohnheiten besteht, während die Frau immer wieder gerne etwas Neues ausprobiert: Hat er sich daran gewöhnt, dass es sonntags Sauerbraten mit grünen Nudeln gibt, ist er gar nicht glücklich, wenn seine Frau gerade Lust hat, ein neues Rezept auszuprobieren und ein exotisches Gericht zu servieren. Sollte ihm das kulinarische Experiment nicht munden, kann sie mit einem Wutausbruch rechnen.

Zwischen Eltern und Kindern ergeben sich Konflikte aus Erziehungsgründen. Die Eltern haben ein anderes Maß und eine andere Vorstellung von dem, was den Kindern gut tut, als die Kinder selbst. Besonders in Phasen der Aggressivität, in der Trotzphase (zwischen dem 2. und 3. Lebensjahr) und in der Pubertät (ab dem 12. Lebensjahr bis hin zum Erwachsensein) sind Konflikte vorprogrammiert. Diese Konflikte sind notwendig, weil das Kind anfängt, seine eigene Identität zu entdecken und zu entwickeln: »Ja, das bin ich. So soll mich die Welt sehen.«

Im Sinne des Gesetzes der Polarität ist nicht die Vermeidung der Konflikte und ein steter scheinbarer Frieden anzustreben – der Zustand, der umgangssprachlich »Friede, Freude, Eierkuchen« genannt wird. Auf Beziehungen, die keine Konflikte kennen, kann man sich nicht verlassen: Sie haben ihre Belastbarkeit nie unter Beweis stellen müssen.

Wertvoll – da sinnvoll und somit notwendig – sind jene Konflikte, die dazu gedient haben, die Liebe in der Familie zu erneuern, die also in einer emotionalen Konfrontation verarbeitet worden sind. In der Konfrontation treffen auf mehrfache Weise die zwei Pole Mann und Frau aufeinander. Zum einen geraten zwei unterschiedliche Persönlichkeiten aneinander; jedes Ich will sich gegen das Du behaupten – Identität gegen Identität. Zum anderen ereignet sich die Verwandlung der Wut und der Trauer in Liebe und Freude. Denn eins ist klar, so unterschiedlich Ich und Du sein mögen, eins haben sie gemein: die Sehnsucht nach Liebe. Erfüllt sich diese Sehnsucht, spendet sie Lebenskraft.

Goldene Regeln der Konfrontation

Den meisten Eltern und Großeltern heute fehlt bedauerlicherweise die spontane Bereitschaft zum aufmerksamen Blickkontakt, zur Beobachtung der Körpersprache und zum Spiegeln der Reaktionen ihres Gegenübers. Auf die Aufforderung, das Baby zu imitieren, reagieren sie mit Ratlosigkeit. Macht es die Beraterin vor, ist es ihnen peinlich, sich als Baby zu verhalten. Deshalb fangen wir in den Kursen der »Schule der Liebe in der Familie« mit einfachen Selbsterfahrungsübungen an und wollen somit empathisches Handeln in die Wege leiten. Viele Teilnehmer üben dann gerne auf eigene Faust im privaten Raum und schätzen die Wichtigkeit des Nachahmens und Spiegelns.

Beispiele als Kostprobe:

- Zwei Menschen sitzen einander gegenüber, halten sich an den Händen, schauen sich in die Augen und imitieren schweigsam die Mimik des anderen. Nach etwa fünf Minuten teilen sie sich gegenseitig mit, wie sie sich wahrgenommen und verstanden haben. Was ging ihnen durch den Kopf? Wie war der Händedruck?

- Die Teilnehmer sind in zwei Gruppen aufgeteilt. In zwei Reihen stehen sie einander gegenüber. Die Teilnehmer der Gruppe A bekommen auf einem Zettel mitgeteilt, welches Gefühl (beispielsweise »Eifersucht«, »Wut«, »Verliebtheit«) sie pantomimisch ausdrücken sollen. Die Gruppe B beobachtet die Pantomime der Gruppe A, imitiert die Körpersprache und deutet, um welches Gefühl es sich dabei handelt. War die Übernahme der Körpersprache hilfreich, um das Gefühl des anderen zu verstehen?

Die Vorstufe im Kleinkindalter

Als Voraussetzung für die emotionale Konfrontation gilt das Bewusstsein für die eigene Identität und die Sprachfähigkeit – beides muss zumindest rudimentär vorhanden sein. Ich bin Ich und Du bist Du. Selbst ein kleines Kind kann schon unterscheiden: Dieser Gegenstand gehört mir und jener dir. Das ist jetzt mein Gefühl, und dein Gefühl ist anders. Dieses Entwicklungsniveau erreicht ein Kind nach dem Ausklang der Trotzphase, d. h. etwa um das dritte Lebensjahr. Dieses Lebensjahr markiert eine Entwicklungsgrenze – es ist nicht von ungefähr, dass viele Stämme und Völker das Kleinkind bis zum dritten Lebensjahr tragen und dann loslassen, damit es übt, am Vorbild der Erwachsenen groß zu werden. In unseren technisch hochentwickelten Gesellschaften zeigt sich die Tendenz, das Kleinkind unter der Obhut der Mutter zu lassen, in Notsituationen in die Krippe zu bringen, um es dann mit drei Jahren in den Kindergarten zu integrieren. Unsere bisherigen Erfahrungen mit der emotionalen Konfrontation bestätigen, dass diese Praxis den »Kindergarten«-Kindern sehr entgegenkommt – ihr Verstand, ihre emotionalen Bedürfnisse und ihr Nachahmungsdrang lassen eine emotionale Konfrontation zu.

Allerdings setzt die Förderung des emotionalen Fundaments sehr viel früher ein: Das empathische Spiegeln mittels des Tast- und Bewegungssinnes fängt schon im Mutterleib an, wenn die Mutter die Bewegungen des Embryos spürt und sie mit Streichelbewegungen am Bauch erwidert. Wie bereits erwähnt, wird dieser Kontakt fortgesetzt, wenn das Kind auf der Welt ist: Die Mutter und ihr Neugeborenes begegnen sich von Angesicht zu Angesicht (sehend) und mit all ihren anderen Sinnen (hörend, tastend, riechend und schmeckend). Wenn sie diese Begegnung genießen können, wird sich ihre Bindung mit Empathie und Liebe festigen. Sie werden sich gut und geborgen fühlen.

In dieser Zeitspanne wird dem Säugling die Fähigkeit »eingepflanzt«, empathisch und liebevoll zu handeln. Diese Gabe bedarf – wie jede Pflanze – einer kontinuierlichen, feinfühligen Pflege: Die Pflanze muss begossen, von Unkraut befreit und vor Kälte geschützt werden. Was heißt das für das kleine Kind? Es muss vom ersten Tag an Zuwendung erfahren, sonst kann es nicht gedeihen. Zum Unterschied von anderen Säugetieren kommt das Menschenkind als Frühgeborenes auf die Welt und bedarf einer engen Symbiose mit der Mutter, um sich weiterzuentwickeln. Die Mutter muss in seiner unmittelbaren Nähe sein oder eine andere mütterliche Person muss es bei seinen ersten Schritten begleiten, denn alle seine Äußerungen müssen durchs Spiegeln bestätigt werden. Das Baby darf nicht alleine gelassen werden, wenn es sich unwohl fühlt. Gerade dann muss es Zuwendung erfahren.

Mit der zweiten Hälfte des ersten Lebensjahres nimmt die Kommunikationsfähigkeit des Kindes tüchtig zu. Man kann es natürlich noch nicht darüber aufklären, was eine emotionale Konfrontation ist, so etwas kann es noch nicht rational verstehen, aber emotional kann es nachvollziehen, was geschieht. Das Kleinkind beobachtet und erlebt alles. Demnach ist es wichtig, keine Äußerung des Kindes unbemerkt zu lassen, sondern sie zu kommentieren, zu benennen, zu bestätigen und zu spiegeln – man sollte stets mit dem Kind in Resonanz treten. Freut sich das Kind, dann freut man sich mit. Wenn es sich ärgert, wird es getröstet: »Oh, so lange musst du warten, bis ich dich auf den Schoß nehmen kann. Ja, ich komme gleich.« Wenn sich das Kind in einem emotionalen Aufruhr befindet, braucht es den festhaltenden Körperkontakt – so, als wäre es im Tragtuch, argumentatives Reden ist völlig verkehrt, allerhöchstens wäre bestätigende, tröstende, emotionale Resonanz angebracht: »Oh, das tut weh! So sehr musst du dich ärgern! Weine dich aus! Ich bin bei dir. Es wird wieder gut.« Spürt man seine Wut, bestätigt man, dass es sie äußern darf: »Bist du wütend. Schrei dich aus. Ja.« Wenn es einen aggressiven Impuls gegen die Mutter zeigt und sie schlägt, sollte sie seine Hand halten und eindeutig signalisieren, dass damit die Grenze überschritten ist: »Nein! Das tut mir weh. Schlagen darfst du nicht. Schrei die Wut aus! Das darfst du.« Während sie spricht, lockert sie die Umarmung nicht. Damit das Kind wach bleibt und die sich erneuernde Liebe spürt und genießt, bietet die Mutter liebevolle, aufheiternde Spielchen an. Wenn das Baby wieder so entspannt ist, dass es die Angebote gerne annimmt, sollte die Erneuerung des liebevollen Kontakts noch lange gefeiert werden.

Grundsätze der emotionalen Konfrontation

- Die Motivation ist nie eine Bestrafung, sondern die Sehnsucht nach der Erneuerung der Liebe.
- Man darf nie inmitten des Konflikts abbrechen und auseinander gehen; man muss solange ausharren, bis die Liebe wieder fließt.
- Die Aussöhnung muss geschehen, bevor die Sonne untergeht.
- Die Eltern zeigen den Kindern am eigenem Vorbild, wie man sich konfrontiert und aussöhnt.
- Grundsätzlich ist die Ich-Form (»Ich-Botschaften«) zu verwenden.
- Die Empathie ist die entscheidende Kraft in dem konfrontativen Prozess. Deshalb ist es ratsam, die Körpersprache zu beobachten und zu spiegeln.

- Man muss sich auch immer wieder in sich selber einfühlen und prüfen: »Warum reagiere ich so empfindlich? Kenne ich diesen Schmerz von früher? Wem gehört mein Ärger wirklich?«

- Der Anteil an Körpernähe kann unterschiedlich sein: Je nach emotionaler Aufgeladenheit gibt es drei Stufen, in denen die Aggression zugelassen und ausgelebt werden kann – allerdings in einer kultivierten Form.

    1. Stufe: Der Blickkontakt ohne Körperkontakt genügt, doch kommt die Sprache dazu; Beispiele: »Ohne Schimpfworte, bitte. Sie verletzen mich. Sag in der Ich-Form, womit ich dir wehtue«, sagt der Mann seiner Frau (oder umgekehrt). »Autsch. Es tut mir weh, wenn du beißt. Wir sind keine Krokodile, die sich beißen. Du darfst deine Wut ausschreien. Aber nicht beißen!«, hört das Kind von der Mama, wenn es sie gebissen hat.

    2. Stufe: Kleine körperliche Hilfen werden benutzt; zum Beispiel nimmt die Mutter (der Vater) das Gesicht des Kindes in die Hand, um den Blickkontakt herzustellen, der vom Kind verweigert wird. Wenn es den Blickkontakt weiterhin verweigert oder beißt, nimmt die Mutter (der Vater) das Kind auf den Arm, sein Gesicht in die Hand und den Mund am besten zwischen dem Daumen und Zeigefinger, und sagt deutlich: »Aua, das tut mir weh. Nein, ich will das nicht!«

    3. Stufe: Bei einem übermäßig großen Schmerz, für den es keine Worte gibt, ist eine Umarmung fällig, um sich auszuweinen oder auszuschreien. Daran hindert uns aber meist die triebhafte, adrenalingesteuerte Neigung zur Flucht. Will der eine oder andere flüchten, sollte man sich selbst und den anderen stets daran erinnern: Wir sind keine Tiere, wir sind Menschen. Wir bleiben so lange zusammen, bis wir eine Lösung gefunden und uns versöhnt haben.

Bei der dritten Stufe, der Umarmung, sollte nicht der Eindruck entstehen, es handele sich um eine Art der Festhaltetherapie. Mitnichten. Die Umarmung praktizieren wir, seit es uns gibt – wie unser instinktiver Trieb zur Flucht ist sie uns in die Wiege gelegt. Die Geschichte aus dem Alten Testament, in der Jakob mit dem Engel ringt, ist uns allen bekannt. Sie ist das Sinnbild dessen, was wir unter Umarmung verstehen: »Da rang einer mit ihm bis zum Anbruch der Morgenröte … Er sprach: ›Lass mich los, denn die Morgenröte bricht an!‹ Er aber sagte: ›Ich lasse dich nicht, bis du mich gesegnet hast.‹« Daraus können wir folgende Lehre ziehen: Derjenige, der die Umarmung einleitet, übernimmt die Verantwortung für die Verwandlung des Grolls in Liebe und sorgt für den gesegneten Ausklang.

Gestaltung der emotionalen Konfrontation

Zu betonen, dass die Liebe im Mittelpunkt steht, ist nicht nur für den Ausklang einer Konfrontation als Bestätigung der Versöhnung wichtig, sondern auch für den Anfang als Ausdruck einer bestimmten Absicht: Man will die Beziehung retten, sie vor unnötigen Störungen behüten und der Liebe die große Bedeutung zusprechen, die ihr als tragenden Kraft in einer Beziehung zukommt. Fängt man eine Konfrontation mit einer vollen Ladung Wut an, erstickt man sie meist. Die Luft ist dick und derjenige, der die volle Wucht abbekommt, reagiert verängstigt oder wütend, sodass eine konstruktive Auseinandersetzung nicht mehr möglich ist. Der Weg zur Versöhnung ist versperrt. Wird hingegen von Anfang an auf die Liebe gesetzt, tun sich viele Wege auf. Ein liebevoller Umgang wirkt immer. Jeder Mensch ist bereit, sich bestimmte Einwände oder Kritik anzuhören und anzunehmen, wenn ihm Anerkennung zuteil wurde. Zum Beispiel kann eine Tochter ihrer Mutter sagen: »Mama, ich danke dir für mein Leben. Du bist für mich die beste, die einzige Mama. Deshalb tut es mir so weh und ich fühle mich manchmal nicht gut genug, wenn du meinem Bruder mehr Aufmerksamkeit schenkst als mir. Wenn du ihn mehr schätzt als mich …«

In diesem Zusammenhang leuchtet ein, warum die Konfrontation in Ich-Form wesentlich geeigneter ist als die in der Du-Form. Mit dem Du werden Vorwürfe und Einwände verbunden und geäußert. Das angesprochene Du neigt sofort dazu, sich zu wehren. In der Regel wirft es die Vorwürfe zurück. Den unfruchtbaren Dialog kennen wir nur zu gut: »Du musst immer Recht haben!« – »Nein, Du musst immer Recht haben!« Ping-Pong. Es geht wie beim Tischtennis zu, ein Schlag hin und ein Schlag her, in steter Wiederholung. Man kommt aus dem Teufelskreis nicht heraus. Der Weg der Einfühlung ist versperrt. – Mein Gegenüber kann sich in mich nur dann einfühlen, wenn ich meine Gefühle in Ich-Form ausdrücke und mitteile, was mich ärgert, quält, traurig oder wütend macht.

Bei der emotionalen Konfrontation wird keinesfalls verlangt, dass der »Schuldige« während der Versöhnung verspricht, »es« (das, was den anderen verletzt hat) niemals mehr zu tun. Im Gegenteil: Dem »Schuldigen« wir versichert, dass er vorbehaltlos geliebt wird: »Ich liebe dich, obwohl du mich wiederholt mit deinen Worten (deinem Handeln) verletzt hast. Umso bewusster wird mir meine Liebe zu dir. Du sollst aber auch wissen, wie ich mich fühle: dass du mir mit deinem Tun wehtust und welche Angst ich um dich habe.«

Der leibliche Anteil bei der Gestaltung der emotionalen Konfrontation hängt von verschiedenen Bedingungen ab: Alter, Gesundheitszustand, Aktualität der Situation oder Neigung zur körperlichen Aggression oder zur Flucht.

Einige Beispiele:

- Das Baby wird nach der Art der Säuglinge in Mutters Halsgrübchen gehalten.

- In der Trotzphase sitzt das Kind in der Reiterposition auf dem Schoß der Mutter (des Vaters), um sich mit den Fußsohlen kräftig gegen den Stuhl oder die Bank stemmen und so seine Widerstandskraft spüren zu können. Nicht das Kind hält die Mutter (oder den Vater), sondern die Mutter (der Vater) das Kind.

- Das Paar hält sich entweder im Stehen oder im Liegen. Oft wird im Bezug auf das Liegen gefragt, wer unten und wer oben ist. Beides ist möglich: die Frau unten und der Mann oben oder umgekehrt. Jedoch ist für beide auch die Seitenlage annehmbar.

- Bei alten Menschen (wie auch bei Körperbehinderten) ist Rücksicht auf die eingeschränkte Beweglichkeit zu nehmen. Es sind viele Variationen möglich. Beispiel: Die Schwiegermutter sitzt im Rollstuhl oder liegt im Bett und der Schwiegersohn sitzt neben ihr und achtet dabei immer auf die Kommunikation von Angesicht zu Angesicht.

- Es ist jedes Mal auf das Einhalten der systemischen Ordnung zu achten – insbesondere bei der Beziehung zwischen Eltern und Kind. Das gilt auch für das erwachsene Kind. Wie die Konstellation wahrgenommen wird, hat für jeden Einzelnen eine große Aussagekraft: Hält ein Kind seine Mutter im Arm, so kann bei ihm das Gefühl entstehen, die Mutter im Griff zu haben. Diese Konstellation ist lediglich dann stimmig, wenn ein erwachsenes Kind seine pflegebedürftige Mutter versorgt.

Übungen zur emotionalen Konfrontation

Methodik

In den Anfängen der »Schule der Liebe in der Familie« haben wir nach den einfachen, weiter oben beschriebenen Übungen, in denen wir das Einfühlungsvermögen aktivieren und die Bestandteile der emotionalen Konfrontation erklären, die Kursteilnehmer in kleine Gruppen eingeteilt und ihnen den Auftrag gegeben, die Konfrontation allein zu üben. Die Rückmeldungen haben uns eines Besseren belehrt. Unsere Kursteilnehmer waren mit dem Allein-Üben überfordert – es war genauso, als hätte man ihnen vom Tango Argentino erzählt und ihnen den Tanz in Filmen vorgeführt, um sie dann mit dem Auftrag nach Hause zu entlassen, den Tango allein zu lernen. Vielleicht hätten manche eine Mischtechnik entwickelt – einige Figuren des Tango Argentino mit vertrauten Schritten des europäischen Tangos kombiniert. Doch den Tango Argentino hätten sie auf diese Weise nicht erlernt, und der Tanzmeister hätte sehr viel länger gebraucht, die falsch eingeübten Figuren und Schrittfolgen zu korrigieren.

Dankbar über die vielen Rückmeldungen, hat sich unsere Vorgehensweise Schritt für Schritt den Bedürfnissen der Teilnehmer angepasst und weiterentwickelt. Heute arbeiten wir mit je zwei Übenden vor der ganzen Gruppe – immer unter Anleitung eines kompetenten Kursleiters (eines Moderators). Die beiden Übenden werden ständig zum nach- und mitdenken angehalten (zum Beispiel mit Fragen: »Wie hat der Satz auf dich gewirkt? Was hättest du lieber gehört?). Auch die ganze Gruppe fordern wir zum Mitdenken auf. Alle beschäftigen sich gemeinsam mit der Problematik des Paares, das gerade übt. Mithilfe dieser Methodik ist es uns gelungen, unsere Kurse in eine kreative Werkstatt zu verwandeln.

Übertragungen

Im Kapitel »Die Versöhnung der Eltern mit den eigenen Eltern« haben wir am Fall von Anne, die sich mit ihrem Vater aussöhnt, gezeigt, welche Verwirrungen entstehen können, wenn die Tochter bestimmte Erfahrungen mit ihrem Vater auf den eigenen Ehemann überträgt und ihn dann so behandelt, als wäre er ihr Vater.

Jeder kennt Situationen, in denen er auf etwas allergisch reagiert und in der Folge entweder wütend aufbraust oder sich zurückzieht. Bevor wir uns mit dem Menschen, der uns verletzt oder gekränkt hat, konfrontieren, müssen wir uns bewusst machen, ob wir möglicherweise unangemessen auf ihn reagieren. Wir müssen uns also fragen: Warum reagiere ich auf dies oder jenes allergisch? Wird ein alter Schmerz aus meiner Kindheit wachgerufen? Übertrage ich vielleicht mein kindliches Problem, das ich mit meinem älteren Bruder, dem Alles- und Besserwisser, hatte, auf meinen Mann?

Beispiele für eine emotionale Konfrontation

Der kleine Lügner Matthias

»Wie soll ich mich konfrontieren mit meinem achtjährigen Sohn, nachdem er mich beklaut und belogen hat?«, fragt Frauke, Teilnehmerin eines Kurses. Auf Empfehlung des Lehrtherapeuten (=LTh) wählt sie einen Mann als Vertreter ihres Sohnes und setzt sich ihm gegenüber auf einen Stuhl.

LTh: »Worum geht es?«

Frauke: »Ich hatte eine Dose mit Schokoladenglasur vorbereitet. Ich wollte nach der Sonntagsmesse für unseren Besuch schnell einen Kuchen backen. Als ich nach Hause kam, fand ich die Dose halb ausgeleert vor. Es hat niemand anderer sein können als Matthias. Niemand sonst war zu Hause – nur er und seine jüngere Schwester Andrea. Doch Andrea ist noch viel zu klein. Als ich Matthias zur Rede stellte, verleugnete er die Tat. Grausam! Wer klaut, der lügt. Und wer lügt, der klaut.«

LTh (nachdem er einzelne Meinungen von der Gruppe zur Frage »Wie würdet ihr euch fühlen, wenn ihr Matthias wärt?« eingeholt hat und nachdem er auch die Antwort des Vertreters von Matthias abgewartet hat): »Frauke, mit so einer Kampfstimmung kannst du nicht beginnen. Sonst muss sich Matthias noch mehr hinter dem Berg von Lügen verbarrikadieren. Versuch's mit Liebe! Schau ihn an!«

Frauke: »Er schaut mich nicht an.«

LTh: »Er kann auch nicht. Weißt du warum? Kannst du dich in seine Lage hineinversetzen?«

Frauke: »Ja, er schämt sich. Matthias, du weißt, wie ich dich liebe. Ich liebe dich über alles. Doch ich habe große Angst um dich, wenn du dich von mir entfernst.«

Der Vertreter von Matthias kann die Mutter nicht anschauen, will sie aber spüren und wirft sich auf ihren Schoß.

Frauke: »Womit habe ich dir wehgetan, Matthias, dass auch du mir weh tun musst? Sag' es mir! Ich liebe dich doch genauso, wie ich Andrea liebe.«

Der Vertreter von Matthias (sein Gesicht ist noch immer im Schoß der Mutter vergraben) flüstert: »Das stimmt nicht. Andrea magst du mehr.«

Frauke: »Das ist dein Schmerz! Das habe ich nicht gewusst. Nicht geahnt. Warum hast du es mir nicht gesagt, dass du dich so quälst, dass du mir so böse bist? Jetzt aber weiß ich es und mache es wieder gut.«

Der Vertreter von Matthias hebt seinen Kopf hoch: »Ich bin zu groß, um das tun zu können, was ich jetzt für Matthias spüre. Ich würde mich wie ein kleines Kind an Mutters Brust kuscheln.«

Die Schwiegermutter

Elke meldet sich zur Übung. Sie möchte die Konfrontation mit ihrer Schwiegermutter vorbereiten. Sie sucht eine Vertreterin für ihre Schwiegermutter aus. Der Lehrtherapeut setzt die beiden auf Stühle und lässt ihnen Zeit, sich von Angesicht zu Angesicht anzuschauen.

LTh: »Wie sprichst du sie an?«

Elke: »Überhaupt nicht. Sie bot mir gleich zu Beginn meiner Ehe an, sie mit Mutti anzureden. Aber das kann ich nicht. Ich habe nur eine einzige Mutti und das ist meine eigene.«

LTh: »Versuch ihre Körpersprache nachzumachen und zu fühlen, wie es ihr geht.«

Elke: »Sie hält sich an ihren Händen, sie streichelt sich, sie wirkt nervös. Mit einem Bein ist sie schon zum Weggehen entschlossen. Sie ist gespannt, was ich von ihr will.«

LTh: »Versuch sie nun zu beruhigen und dann leg los! Warum möchtest du dich mit ihr konfrontieren?«

Elke: »Hab keine Angst. Es geht um keine Katastrophe. Ich möchte dir nur sagen, was mich bei dir ärgert ...«

LTh: »Stopp! So kannst du sie wohl kaum gewinnen. Wie fühlst du dich, Schwiegermutter?«

Vertreterin der Schwiegermutter: »Ich bekomme Angst. Jetzt muss ich etwas Schreckliches abwarten. Oh Gott! Lieber weg.«

LTh (befragt die Gruppe, die Teilnehmer äußern sich und stimmen mit der Schwiegermutter überein): »Elke, fang ganz positiv an. Versuch sie zu gewinnen. Zeig ihr deine Zuneigung. Versuch ihre Hände in deine zu nehmen. Und bedanke dich für ihren Sohn, den sie so gut erzogen hat und mit dem du deine Familie gründen konntest. Wähl von meinen Anregungen etwas aus, was deinem Herzen entspricht.«

Elke (nimmt die Hände ihrer Schwiegermutter in ihre eigenen): »Ich möchte dir etwas sagen, was ich dir noch nie gesagt habe. Ich schätze und liebe so sehr meinen Mann und denke so oft, ja fast jeden Tag, wie gut du ihn erzogen hast. Ich bewundere dich und danke dir von ganzem Herzen.«

Schwiegermutter: »Ich bin auch froh, dass er dich geheiratet hat. Du sorgst ganz toll für ihn. Dafür dank ich dir auch. Wenn ich etwas Gutes tun kann für dich, dann sag es und ich tue es.«

Elke (schaut nach dem LTh, ratlos): »Was soll ich jetzt machen? Ich möchte ihr doch sagen, dass es mich ärgert, wenn sie mich dauernd belehrt, wie ich kochen und wie ich Kinder erziehen soll ...«

LTh: »Jetzt könnte sie es ertragen, nachdem du sie mild gestimmt hast. Sag ihr, was dich kränkt! Tue es aber nicht wie ein Elefant im Porzellanladen. Überleg zunächst, ob deine allergische Reaktion auf Belehrungen nicht aus der Kindheit rührt. Gab es jemanden, der dich als Kind immer belehren wollte? Auch das muss sie wissen, um dich zu verstehen.«

Elke: »Meine älteste Schwester war es. Eine Nervensäge. Bis heute belehrt sie mich über Selbstverständlichkeiten. Dass ich nicht vergessen soll, Gewürze in die Suppe zu geben und dass ich von Heidelberg nach Freiburg über Karlsruhe fahren soll. Als wenn ich das alles nicht selber wüsste ...«

LTh: »Sag es ihr. Das muss sie wissen, um sich in dich einfühlen zu können und um dich verstehen zu können.«

Elke: »Oh ja. Du könntest für mich wirklich etwas Gutes tun. Ich bin bis heute allergisch auf jeden, der mich unnötig über etwas belehrt, was ich schon längst weiß. Ich fühle mich zum Deppen degradiert. Mit ihren unnötigen Belehrungen hat mich immer meine älteste Schwester genervt und sie nervt mich bis heute. Auch du belehrst mich immer wieder, und dann kommt meine alte Wut hoch, obwohl du es nur gut mit mir meinst. Meine Bitte wäre: Könntest du auf meine Empfindlichkeit mehr Rücksicht nehmen?«

Schwiegermutter (umarmt Elke): »Das alles habe ich nicht gewusst. Es tut mir leid, dass ich dich mit meinen Belehrungen auch noch genervt habe. Jetzt verstehe ich dich, meine liebe Elke. Selbstverständlich nehme ich gerne Rücksicht auf dich. Wirklich gerne. Aus Liebe.«

LTh (betrachtet die bejahende Atmosphäre in der Gruppe): »Was man nicht erfahren hat, kann man nicht wissen, nicht wahr? Deshalb braucht man die Konfrontation.«

V. Zusammenfassung

Zehn Gebote für das Gedeihen der Liebe in der Familie

Erstes Gebot
Sei dir stets bewusst, dass das höchste Bedürfnis, der Sinn und das Glück jedes Menschen die Liebe ist. Sie zählt jedoch nur, wenn sie bedingungslos ist.

Zweites Gebot
Liebe dich selbst – trotz all deiner Schwächen und Fehler.

Drittes Gebot
Liebe (oder zumindest: ehre) deine Eltern, auch wenn sie dir gegenüber ungerecht waren und dir wehgetan haben (oder es immer noch tun). Dies wird dir gelingen, wenn du die Wunden in deren Kindheit suchst und sie dir aus erwachsener Sicht anschaust. Dadurch gelingt es dir, erwachsen zu werden.

Viertes Gebot
Liebe deine Kinder, auch wenn sie dich ärgern oder nicht so toll sind, wie du es dir wünschst.

Fünftes Gebot
Liebe deinen Ehemann bzw. deine Ehefrau und liebe seine bzw. ihre Eltern, so wie sie sind und ehre sie trotz aller Vorbehalte, denn ohne deine Schwiegereltern würde es deine jetzige Familie nicht geben.

Sechstes Gebot

Räum jedem Menschen im System deiner Familie den Platz ein, der ihm nach den uralten, bis heute geltenden Ordnungen gebührt (Frau und Mann haben als Elternpaar den ersten Platz inne, die Kinder den zweiten; die Reihenfolge der Geschwister richtet sich nach der Zeitfolge der Geburt).

Siebentes Gebot

Unmittelbar nach der Geburt soll das Kind ans Herz der Mutter gelegt werden. Der Säugling hat ein tiefes Bedürfnis nach einer empathischen Bindung mit seiner Mutter, der in den ersten Monaten seines Lebens nur mittels seiner Sinne aufbauen kann. Daher braucht er den Körperkontakt ganz dringend; er muss immer wieder in den Genuss von Umarmung kommen, auch wenn er erwachsen ist. Insbesondere wenn das Kind – ob klein oder groß – in emotionaler Not ist, braucht es körperliche Nähe und Wärme.

Achtes Gebot

Gib dem Kind die Nestwärme und lass es wegfliegen, wenn die Zeit des Loslösungsbedürfnisses kommt. Unterstütze dazu seine Neugierde, seinen freien Willen und seine Belastbarkeit.

Neuntes Gebot

Die Eltern entscheiden miteinander, welche verbindlichen Regeln für das Zusammenleben in ihrer Familie gelten. Als Vorbilder halten sie diese Regeln selber ein. Eine klare Ausdrucksweise (ja = ja, nein = nein) und ein konsequentes Handeln helfen den Kindern, die Grenzen und die Orientierung zwischen Gut und Böse zu erkennen.

Zehntes Gebot

Verzichte restlos auf körperliche Strafen und drohe nicht mit Entzug der Liebe (Auszeit, Ignorieren usw.). Solche Strafen werden hauptsächlich vom Adrenalin in unserem Körper (Instinkt zum Angriff oder zur Flucht) diktiert und nicht vom Gewissen geformt. Die Konflikte sind mittels emotionaler Konfrontation von Angesicht zu Angesicht zu lösen, mittels Empathie zu verarbeiten und in Liebe zu verwandeln, noch bevor die Sonne untergeht.

Schlusswort

Die Süße der ersten Früchte

So unsortiert, wie die Post die Nachrichten überbringt, wollen wir die Rückmeldungen zu unserer »Schule der Liebe in den Familien« auflisten. Es handelt sich dabei nicht um Beobachter, die außerhalb des Geschehens stehen und alles von einer höheren, objektiven Warte aus betrachten, sondern um Menschen, die den neuen Lebensstil in ihrer Familie wirklich leben.

»Im Rahmen des Kurses habe ich mich unter Visualisierung mit meiner Mutter ausgesöhnt, mit der ich lebenslange Spannungen hatte. Am nächsten Tag habe ich sie angerufen, um ihr davon zu erzählen. Ich habe schon im Voraus mit ihrer abwertenden Reaktion gerechnet, die ich ja seit jeher kannte. Etwa in dem Sinne: ›Schon wieder spinnst du mit irgendeinem Psychokram herum.‹ Auch habe ich erwartet, dass sie mich bereits in meinem zweiten Satz unterbricht. Ich war äußerst angenehm überrascht, dass sie dieses Mal alles wissen wollte, was ich bei dem Kurs erlebt habe. Das war der Beginn einer freundlichen, entspannten Beziehung zwischen uns. Ich weiß, wir haben noch eine lange Strecke miteinander zu gehen und wir müssen an unserer Beziehung auch noch lange arbeiten. Es geht jedoch bewundernswerter Weise immer leichter, weil die Freude im Herzen von uns beiden immer wärmer und freier wird. – Selbst mein Mann erkannte die große Verwandlung bei mir und freut sich darüber, weil ich nun nicht mehr so nervös und gereizt bin, wie ich es vorher war. – Ganz zugute kommt es unserem 19 Monate alten Sohn, der sich gerade mit Trotz zu behaupten beginnt. Früher hätte ich ihn geschlagen und dann weggeschickt. Heute sage ich ihm von Angesicht zu Angesicht ein klares »Nein, das ärgert mich« und lasse ihn dann den Trotz auf meinem Schoß ausschreien. So einfach und leicht gelingt uns jetzt die Liebe.« (Sonja A., 33 Jahre)

»Was mich fasziniert ist die Tatsache, dass das Kind keine Angst haben muss, wenn die Eltern in Konflikt geraten, sondern dass es den Konflikt mit der Aussöhnung als einen ganz natürlichen Bestandteil des Lebens wahrnehmen und verstehen kann.« (L. D., 30 Jahre)

»Es war wirklich eine sehr intensive, schöne und angenehme Zeit, die wir im Kurs verbringen durften. Die Liebe bei uns zu Hause fließt nun immer, denn der neue Lebensstil ist uns zur Inspirationsquelle geworden. Wir üben die Konfrontation täglich und halten die gemeinsamen Regeln ein und haben Erfolge. Vor allem haben wir – Hartmut und ich – dieses wunderbare Gefühl der bedingungslosen Liebe in und zu uns. Und mein Verhältnis zur Schwiegermutter ist so gut wie noch nie. René, unser erwachsener Sohn, kam ins Wohnzimmer, wo ich an Hartmut angekuschelt saß; er schaute uns an und sagte: ›Ihr seid jetzt 25 Jahre verheiratet, wie schön, dass ihr euch jetzt endlich versteht.‹« (Frau U., 48 Jahre)

»Unter der Auseinandersetzung mit dem neuen Lebensstil habe ich begriffen, wie mir von klein auf schon die Umarmung fehlte und wie ich mich auch in der Gemeinschaft einsam fühlte und versuchte, meinen Schmerz und meine stille Verzweiflung vor den anderen zu verbergen. Ich begriff, dass ich mich nur öffnen kann, wenn mich jemand so erträgt, wie ich bin. Bedingungslos. Das muss ich lernen. Das ist die erste Frontlinie, die ich bewältigen muss: das Überwinden der Angst vor Ablehnung – ich darf nicht mehr nach innen, in meine bewährte Einsamkeit, flüchten. Wenn ich diese Barrikade überwinde, dann werde ich mit der Liebe belohnt. Und dann stehe ich mit beiden Füßen auf dem Boden, und so geerdet traue ich mir zu, mich ganz zu öffnen.« (Marek, 34 Jahre)

»Ich möchte berichten, wie unsere beiden Kinder sich freier und sicherer fühlen und denken können als deren Altersgenossen, seit wir drei Jahre lang nach dem neuen Lebensstil leben.

Als ich meine achtjährige Tochter Hanni auf dem Heimweg von der Schule begleitete, hat sich uns ihre Mitschülerin angeschlossen. Ich merkte ihre Trauer und fragte sie nach ihrem Kummer. Hanni erzählte uns, dass sie einen Eintrag ins Schülerheft von der Lehrerin bekam, weil sie eine Hausaufgabe versäumt hatte. Jetzt habe sie Angst, nach Hause zu gehen, weil sie Prügel von ihrer Mami bekomme. Ihre Trauer steckte uns an. Und meine Tochter staunte: ›Das würde meine Mama nie machen. Nie. Sie würde meinen Kopf in ihre Hände legen, meine Augen anschauen und mir sagen, dass ich sie verärgert habe und sie deshalb traurig ist.‹ ›Und du? Was machst du dann?‹, fragte Hanni. ›Dann vergesse ich die Hausaufgabe nicht mehr, wenn ich weiß, wie die Mami traurig ist.‹

Als unser fünfjähriger Lukas in einen Streit mit seinen Freunden geriet, wer als Erster die Schaukel benutzt, fing er an, nach dem Richtigen zu verlangen: ›Regeln, Regeln!‹ (Margit, 35 Jahre)

»Unsere Ehe war schon auf der Kippe. Meine Frau übernahm immer mehr die Führung, und ich folgte ihr, folgte aus Liebe, aber merkte zunehmend, dass das nicht das

Wahre ist. Ich fühlte mich nicht als Mann, sondern als Waschlappen. Wie die vielen Männer, die ihren Platz in der Familie verloren haben. Dank der Schule der Liebe fühlte ich mich berechtigt, für meine Ebenbürtigkeit zu sorgen, und so habe ich meine Frau um eine Konfrontation gebeten. Zu meiner großen Überraschung hörte ich von ihr, dass sie sich von mir im Stich gelassen fühlte, als ich nach ihrer Entbindung zu wenig Verantwortung übernahm. Beide haben wir bereut, nicht schon damals die Konfrontation gewagt zu haben. Jetzt habe ich wieder meine Position bei meiner Frau und in meiner Familie gefunden. Die Liebe fließt mehr als je zuvor.« (Herbert, 41 Jahre)

»Schon einige Monate versuchen wir nach dem neuen Lebensstil zu leben. Wohl am schwersten hat es unser jüngster Sohn, tätowiert von Kopf bis Fuß, gebrandmarkt durch meine Scheidung von seinem Vater. Mühselig sucht er seine Identität. Unlängst sprach er mich an: ›Mutti, ich glaube, dass deine Reden, die du dauernd hältst, wie kleine Samen sind. Sie fangen an zu keimen. Ich sehe heute einiges anders, als ich es früher sah. Einigen Menschen habe ich wehgetan, meine ich. Dir vielleicht auch, oder?‹ Ein erstaunlich tiefes, vertrauensvolles Gespräch blühte voller Liebe auf. Wir schlossen es mit einer Umarmung ab. Als ich dann mit unserem Hund Gassi ging, tanzte ich vor lauter Freude auf der Wiese.« (Helga, 50 Jahre)

»In der Ehe geht es uns immer besser. Zwar ergreift uns immer wieder das ›wuchernde Adrenalin‹, weil jeder von uns eine ganz ausgeprägte Persönlichkeit hat. Doch, nachdem wir unseren Lebensstil im Sinne der Schule der Liebe verändert haben, zähmt jeder von uns das Krokodil in sich und wir laufen nicht mehr voneinander weg und schlagen auch die Türen nicht mehr zu. Heute reicht uns ein Blick oder eine kurze Streicheleinheit, um unsere Herzen wieder zu entflammen und die Liebe wieder von Herz zu Herz strömen zu lassen. Wir fühlen es beide wirklich psychosomatisch. Wie warm es uns ums Herz ist.« (Michael, 48 Jahre, und Beate, 46 Jahre)

Ein großer Stapel solcher Briefe liegt auf meinem Tisch. Sie würden ein dickes Buch füllen. Unterschiedliche Menschen, unterschiedliche Geschichten. Umso mehr beeindrucken die Gemeinsamkeiten, die niemand verordnet oder zurechtgelegt hat. Sie ergaben sich von selbst. Die Hoffnung und die Freude am eigenem wie am gemeinsamen Wachsen, die kreative Atmosphäre im Familienalltag, die sichere Verankerung, vermittelt durch die dem Leben innewohnenden Grundgesetze und die daraus folgende Klarheit in der Orientierung, haben einen gemeinsamen Nenner – die Liebe. Sie ist die Quelle dieser Fähigkeiten, sie ist in allen Familien das Ziel, doch zugleich auch der Weg. Die Liebe ist unser Ein und Alles. In ihr begegnen wir Gott. Durch sie können wir unser Potenzial entfalten und die Früchte unseres Tuns ernten und genießen.

Wie im ganzen Kosmos gibt es auch in der Familie eine Ordnung. Jedem kommt eine ganz bestimmte Stellung zu. Die Kinder folgen gerne dem Vorbild ihrer Eltern und fühlen sich kompetent, das liebevolle Klima in der Familie mit zu gestalten – nicht nur, weil sie beobachten und sich Mühe geben, sich selbst zu steuern, sie trauen sich sogar (in aller Achtung), die Großen auf das Nicht-Einhalten der »Familien-Verkehrsregeln« aufmerksam zu machen: »Mama, der Papa hat dich dreimal gerufen …« Oder: »Papa, es wird schon dunkel und du hast dich mit meinem Bruder immer noch nicht versöhnt. Er wartet darauf.« Das Selbstwertgefühl der Kinder wächst. Denn sie machen die Erfahrung, dass sie sich mit ihrem eigenen Willen und aus eigener Kraft für die Erneuerung der Liebe einsetzen können, und sie wissen, wie es zu schaffen ist. Über ähnliche Erfahrungen wird auch aus Kinderheimen, die sich nach dem Familienmuster richten, berichtet: Die Kinder gewinnen Selbstvertrauen und demzufolge auch Selbstwertgefühl.

Das gilt auch für die Paarbeziehung. Mann und Frau haben sich der Bedingungslosigkeit der Liebe verschrieben und wissen, was zu tun ist, wenn »schlechte Zeiten« in der Liebe ausbrechen. Empathisch gehen sie miteinander um und finden heraus, wie es dem anderen geht, wenn er sich unterdrückt oder bevormundet fühlt. Sie geben die Hoffnung nie auf, denn sie wissen, dass nach einer schlimmen Nacht wieder ein sonniger Tag kommt. Auch die Eltern des Paares haben einen angemessenen Platz innerhalb der Familie gefunden. Selbst wenn sich eine Großfamilie aus räumlichen Gründen heutzutage nicht mehr optimal gestalten lässt – wesentlich ist, dass sie im Herzen ihrer Kinder und Enkelkinder einen würdigen Platz haben.

Alle Veränderungen, die sich in den Familien ereignen, sind von Empathie und Liebe inspiriert. Von wegen Untergang der Familien! Ein neuer Frühling bricht an. Die alten, vereisten Muster verschwinden und das Neue ergrünt, reift und trägt Früchte.

Ohne Revolution gelingt die neue Wende nicht. Gemeint ist allerdings nicht ein gewaltsamer Umsturz der bestehenden Verhältnisse. Laut Lexikon bedeutet Revolution auch Aufhebung oder Umwälzung bestehender Gesetze bzw. Gepflogenheiten durch neue Erkenntnisse. Die Erfahrungen mit der Schule der Liebe weisen den Weg. Unsere Aufmerksamkeit gilt der Tatkraft der Liebe.

Zur Entstehungsgeschichte der Schule der Liebe in der Familie

Im Jahr 2009 wurde ich beauftragt auf zwei EU-Konferenzen Vorträge zu halten. Die Konferenzen fanden beide unter tschechischem Vorsitz in Prag statt. Die Beiträge der Konferenzen bezogen sich auf den Schutz der Kinder vor körperlichen Strafen und auf die positive Elternschaft. Mein Vortrag wurde als der abschließende Beitrag eingeplant. Erst nachträglich begriff ich, dass dies mit der Absicht geschah, einen Akzent zu setzen. Denn die tschechischen Organisatoren kannten mich und meine Bücher; sie wussten also, dass ich die Lehre von Jan Amos Komenský (Comenius) mit der Muttermilch aufgenommen hatte und von dem hochgeschätzten tschechischen Psychologen, Zdeněk Matějček, unterstützt wurde.

Ich sprach über die Unsinnigkeit und Gefährlichkeit körperlicher Strafen sowie über die Grausamkeit der Bestrafung durch Liebesentzug. Stattdessen plädierte ich für die emotionale Konfrontation als das menschenwürdigste Mittel zur Bewältigung von Konflikten. Wie zwischen Mann und Frau, zwischen Eltern und Kindern eine solche emotionale Konfrontation von Angesicht zu Angesicht durchgeführt werden kann, damit Empathie empfunden und somit die Liebe wieder fließen kann, habe ich an einigen Konferenzteilnehmern gleich vor Ort gezeigt. Die Resonanz war überwältigend, das Resultat – stehende Ovationen und ein nicht aufhören wollender Applaus, verbunden mit Rufen wie: »Das wollen wir auch machen!« Meine Antwort darauf war: »So leicht können wir es nicht machen, weil wir es in unseren Elternhäusern nicht bekommen haben. Wir müssen es zunächst lernen.« – So entstand die Idee, Kurse für die Schulung der Liebe in den Familien anzubieten.

Nach der Konferenz ging ich mit einer kleinen Gruppe

begeisterter Frauen essen, und wir fingen an, Überlegungen anzustellen, wie sich eine »Schule der Liebe in der Familie« realisieren ließe. Namentlich möchte ich hier zwei Frauen nennen, die mich mit Rat und Tat unterstützt und mit ihrem außergewöhnlichen Vertrauen und kreativen Einsatz beschenkt haben – sie tun es bis heute: Ing. Zuzana Baudysová, langjähriges Mitglied des Vorstands der europäischen Organisation zur Hilfe bei der Suche nach vermissten Kindern (mit Sitz in Brüssel) und Mitglied des tschechischen Regierungsausschusses für den Kinderschutz, und MU.Dr. Tatjana Horká, Psychiaterin und Psychotherapeutin.

Als wir uns in dieser Gruppe über eine mögliche finanzielle und organisatorische Unterstützung der Kurse für Familien austauschten, fanden wir in unserem kleinen Thinking Tank auch eine überzeugende Lösung. Für unser Anliegen brauchten wir eine Subvention, das war uns allen, nachdem wir die Probleme erörtert hatten, klar: Aus rein bürokratischen Zwängen konnten wir diese Schulung für Familien nicht in unüberschaubare Ferne verschieben. Angesichts der Not, die in vielen Familien herrscht, und der wenigen therapeutischen Anlaufstellen, die es für Paare und Familien gibt, mussten wir sofort handeln. Ähnlich wie man bei einem Unfall Erste Hilfe anbietet, so muss das auch für psychische Notsituationen der Fall sein.

Die Frauengruppe entschied, dass sofort und aus eigener Kraft ein »Stiftungsfonds Jirina Prekop« gegründet wird, um sobald wie möglich mit den Kursen beginnen zu können. Die Gruppe hat rasch erkannt, dass therapeutische Behandlungen für Einzelne in einem kritischen Augenblick ein Luxus sei. Auch erkannte die Gruppe, dass es nicht nur am Einzelnen liegt, sondern dass die ganze Gesellschaft kränkelt und Hilfe in Form von Prävention braucht.

Dieser erste Vorschlag zur Gründung eines Stiftungsfonds wurde von der gesamten Gruppe angenommen und in die Praxis umgesetzt – dabei stand mir Dr. Jaroslav Sturma, der 1. Vorsitzende der Gesellschaft für tschechische Psychologie und Leiter der festhaltetherapeutischen Ausbildung in Tschechien, zur Seite. Ich bin ihm zu großem Dank verpflichtet.

Aus dem Stiftungsfonds wurde nach und nach ein Zentrum und bald hatten wir sogar ein eigenes Haus, das wir »Sonnenhaus« nannten – der Name sollte uns immer an die strahlende Kraft der Liebe erinnern. Die ersten Kurse für interessierte Fachleute wie Eltern schossen wie Pilze aus dem Boden. Von Mund zu Mund, von Dorf zu Dorf, von Land zu Land verbreitete sich eine Welle der Begeisterung und der Hoffnung. Uns beflügelte die Zuversicht, dass sich Krisen in den Familien mithilfe der emotionalen Konfrontation lösen lassen. Zum Unterschied von früheren Seminaren, an denen überwiegend oder ausschließlich Frauen teilgenommen hatten, schlossen sich uns alsbald auch Männer an. Darunter waren auch viele Paare, die unseren Kurs als ihre »letzte Chance« zur Rettung ihrer Ehe betrachteten.

Im Lauf der Zeit haben wir viel Erfahrung gesammelt und erkannt, dass die emotionale Konfrontation – das A und O in der Konfliktverarbeitung – eine differenzierte Aufmerksamkeit erfordert und dass wir Dozenten, die sich damit sehr gut auskennen, berufen müssen. In aller Demut haben wir zugeben müssen, dass wir das Thema »emotionale Konfrontation« sowohl während unserer Universitätsausbildung als auch in allen zusätzlichen Fortbildungen kaum oder nur oberflächlich behandelt haben. Es leuchtete uns ein: Das reicht nicht, um die ausgiebige emotionale Dynamik in den Familien in unserem Sinne differenziert zu verstehen und zu verarbeiten. Zum Beispiel hatten wir zwar gelernt, wie man Kompromisse aushandelt und sich als Paar an bestimmte Bedingungen anpasst, doch hatten wir nirgendwo gelernt, welche Bedeutung die Bedingungslosigkeit der Liebe in einer Konfrontation hat. Über das Recht, anders zu sein, und die Rücksicht, die daraus erwächst – beide Aspekte spiegeln sich in der Bedingungslosigkeit der Liebe wider –, haben wir in Lehrveranstaltungen nichts erfahren. Doch genau diese Erfahrung (»Ich brauche deine Liebe, wenn ich sie am wenigstens verdiene ...«) braucht man in einer emotionalen Konfrontation.

Zudem haben wir begriffen, dass wir uns um die Qualifikation der Dozenten kontinuierlich kümmern müssen. Daher bieten wir heute auch Fortbildungen in Form von Supervisionen und Selbsterfahrungsgruppen an. In unserem Think Tank haben wir das Fundament sowie die ganze inhaltliche wie organisatorische Struktur der Schulung entwickelt. Tatjana Horká hat auf ihre bisherige, vorzüglich laufende psychotherapeutische Praxis verzichtet und ihre ursprünglichen Ideen sowie ihre ganze Kraft in unsere gemeinsam entwickelte Präventionsmaßnahme investiert. Ihrem Charisma ist es zu verdanken, dass die tschechische »Schule der Liebe der Liebe in der Familie« zu einem Pilotprojekt wurde. Hier sind zum ersten Mal Kontakte zu einigen Kindergärten entstanden, die die »Schule der Liebe« in partnerschaftlicher Beziehung mit den Eltern nun auch in den Kindergarten einführen. Die Aktion heißt: »Wie gehen wir zusammen mit Liebe«. Auch ist es unserem Think Tank zu verdanken, dass sich mit den Tschechen die Slowaken verbunden haben, als wären wir noch »tschechoslowakisch«. Juristisch sind wir es nicht mehr, doch in der Gemeinschaft der Herzen sind wir es noch immer. Und wir hoffen, dass die frohe Botschaft der Liebe über die Familien hinauswächst und auch die Kinderheime erreicht.

Es freut mich, dass ausgerechnet in meinem Geburtsland ein so existenziell wichtiges Pilotprojekt geboren werden konnte. Ohne es geplant zu haben. Es geschah einfach. Seit den EU-Konferenzen in Prag über die Gründung des Stiftungsfonds mit meinem Namen in Mähren (Brno) bis hin zu den vielen »zufälligen« Kontakten hat sich alles wunderbar gefügt und ergeben. Ich betrachte das als Geschenk und Segen. Das, was sich mit der »Schule der Liebe« ereignet, verdient die Bezeichnung »Pilotprojekt« schon deshalb, weil nach drei Jahren durch unzählige Rückmeldungen der Erfolg bestätigt werden konnte. Zwischenzeitlich hat die frohe Botschaft der »Schule der Liebe in der Familie« auch viele Menschen in anderen Ländern erreicht: Deutschland, meine zweite Heimat, möchte ich als Erstes nennen, aber auch in Griechenland, Italien, Österreich, Polen, Russland, der Slowakei sowie in Chile, der Dominikanischen Republik, Mexiko, Peru, Uruguay, Venezuela und noch in einigen Ländern mehr.

Das System der Schulung ist einfach. Und es muss auch einfach sein. So einfach, dass es jeder Mensch, der eine Grundausbildung hat, versteht. Es handelt sich dabei um keine Erziehungswissenschaft oder Psychotherapie, sondern lediglich um eine Erste-Hilfe-Maßnahme. Unsere Zielgruppe sind interessierte Eltern, die als Multiplikatoren den Inhalt unseres Kurses, gestützt durch ihre eigenen Erfahrungen, »im Schneeballsystem« an weitere Eltern, Vereine, Schulen u.a. weiterleiten. Natürlich sind auch Fachleute aus sozialen Berufen wie Lehrer, Hebammen, Erzieher, Psychologen, Ärzte, Sozialarbeiter u.a. herzlich willkommen. – Entscheidend ist die emotionale Eignung. Wir brauchen einfühlsame Menschen mit der Fähigkeit, Gruppen zu gründen und zu leiten, Menschen, die Charisma haben und Vertrauen gewinnen können, Menschen, die überzeugend wirken und motivieren. Es müssen nicht unbedingt Akademiker sein. Die Apostel Jesu Christi, die das große Werk der Nächstenliebe in Gang gesetzt haben, waren Handwerker und Fischer. Einen besonderen Bonus haben erfahrene Eltern, die zu zweit kommen. Von großer Bedeutung sind Geistliche, da sie junge Menschen auf das Eheleben vorbereiten, aber auch Fachleute aus allen anderen psychologischen, pädagogischen, sozialen und medizinischen Berufen. Sogar Friseurinnen haben sich bewährt: In ihre Salons kommen Kundinnen nicht nur wegen der Frisur, sondern auch oft wegen der Gespräche.

Nach Abschluss des Kurses werden die Teilnehmer zum »Dozenten der Schule der Liebe in der Familie« zertifiziert. Sie verpflichten sich u. a. dazu, für ihre Supervision eigenverantwortlich zu sorgen und mindestens einmal im Jahr an einer Weiterbildung der GFH e. V. (Gesellschaft zur Förderung des Festhaltens als Lebensform und Therapie) teilzunehmen.

Das Ziel der »Schule der Liebe in der Familie« ist, die Eltern beim Einführen eines neuen Lebensstils anzuleiten, ein Stil, der weder körperliche Strafen noch Strafen durch Entzug der Liebe einsetzt, der Konflikte mittels emotionaler Konfrontation verarbeitet und sie in bedingungslose Liebe verwandelt. Der neue Lebensstil wirkt sich aus in der Beziehung zwischen Eltern und Kindern, den Eltern untereinander sowie den Eltern und Großeltern. Man lernt, wie man unnötigen Konflikten vorbeugt, indem die Ordnungen im System der Familie sowie klare Regeln für das Zusammenleben (einschließlich der Erziehung) eingehalten werden und wie man durch eine rechtzeitige Empathiebekundung verletzende Reaktionen (»Kommunikationskiller«) vermeiden kann. Zudem lernt man, Konflikte in einer emotionalen Konfrontation von Angesicht zu Angesicht auf eine kultivierte Weise auszudrücken, sich ineinander einzufühlen und sich zu versöhnen. Als oberstes Gesetz gilt, dass man nie inmitten des Streites auseinander geht und dass man sich versöhnt, bevor die Sonne untergeht. An dieser Weisheit, die alle Völker seit jeher pflegen, merken wir, dass die Schule der Liebe eigentlich nichts Neues ist. Ein altes Wissen wird von uns wiederbelebt. Das, was wir vergessen haben, lernen wir neu. Jared Diamond beschreibt in seinem jüngst erschienenen Buch »Vermächtnis«, das auf seinen lebenslangen Beobachtungen und vielen wissenschaftlichen Forschungen beruht, wie bei den Völkern auf Sumatra und Neuguinea oder bei den Indianern u. a. die Konfliktbewältigung angegangen wurde – immer von Angesicht zu Angesicht mit dem beharrlichen Ziel, sich zu versöhnen.

Lebt eine Familie auf diese Weise, wird die Atmosphäre nicht durch Ängste vor Strafen oder durch unerlöste Wut und Trauer getrübt. Es kommen positive Kräfte wie Einfühlung, Rücksicht, Offenheit, Vergebung, Toleranz und Freude aneinander hoch. Und die Liebe kann gedeihen.